ÜLIMAALNE KIRSI KOKARAAMAT

Avastage kirsside magusaid ja hapukaid maitseid
100 maitsva retsepti järgi

Natalja Rebane

Autoriõigus materjal ©2024

Kõik õigused kaitstud

Ühtegi selle raamatu osa ei tohi mingil kujul ega vahenditega kasutada ega edastada ilma kirjastaja ja autoriõiguste omaniku nõuetekohase kirjaliku nõusolekuta, välja arvatud ülevaates kasutatud lühikesed tsitaadid. Seda raamatut ei tohiks pidada meditsiiniliste, juriidiliste või muude professionaalsete nõuannete asendajaks.

SISUKORD

SISUKORD **3**
SISSEJUHATUS **6**
PÕHIRETSEPTID **7**
   1. Kirsi mahl 8
   2. Kirsi siirup 10
   3. Kirsi liköör 12
   4. Kirsipiruka täidis 14
   5. Kirsikonservid 16
   6. Kirsipulber 18
   7. Kirsimoos 21
   8. Kirsikaste 23
   9. Kirsi piim 25
   10. Kirsi vinegrett 27
   11. Kirsivõi 29
   12. Pošeeritud kirsid 31
   13. Röstitud kirsid 33

HOMMIKUSÖÖK JA BRUNCH **35**
   14. Kirsi banaanileib 36
   15. Kirss ja pistaatsiapähklid Kaerahelbed 39
   16. Kirsitäidisega inglise muffin 41
   17. Amaretto kirsikoonid 43
   18. Lavendel kirss üleöökaer 45
   19. Kirsiga täidetud kringli croissant 47
   20. Kirsi kuum šokolaad 49
   21. Kirsi prantsuse röstsai 51
   22. Kirsi mandli pannkoogid 54
   23. Brandy kirsi vahvlid 56
   24. Sünnipäeva kirsipähklileib 58
   25. Cherry Jam Donut s 61
   26. Cherry biscotti 64
   27. Toblerone krepid brändituD kirssidega 66
   28. Kirsi krepid 68
   29. Kirsi kohv 70
   30. Kirsišokolaadikukkel s 72

SUUPISTED **75**
   31. Kirsiga täidisega šokolaaditrühvlid 76
   32. Kirsibatoonid 78
   33. Cherry Malt Bliss koogikesi 80
   34. Cherry Pinwheel Shortcakes 83
   35. Kirsi kinoa baar 85
   36. Tume šokolaadi kirsi kobarad 87

37. Kirsi rummi pallid ... 89
38. Tume šokolaadiga kaetud kirsid ... 91
39. Kirsi käive ... 93
40. Rummi-kirsi fritüürid ... 95
41. Kirsi popkorn ... 97
42. Cherry Trail Mix ... 99
43. Cherry Cream Puffs ... 101
44. Cherry Brownie Bites ... 104
45. kirsiveini -riisi maiused ... 106
46. Kirsi energiapallid ... 108
47. Kirsiküpsised ... 110
48. kirsiveini -riisi maiused ... 113

MAGUSTOIT ... 115

49. Kirsi-juustukook punase peegelglasuuriga ... 116
50. Kirsi-sarapuupähkli krõmpsupirukas ... 119
51. Kirsi, rabarberi ja meloni salat ... 121
52. Kirsi ja mustika Amaretto jäätis ... 123
53. Ch erry piimapuru ... 125
54. Kirsi parfee ... 127
55. Cherry Cream Dacquoise ... 129
56. Cappuccino mustikakrõps ... 132
57. Kirss Bavarois ... 134
58. Tagurpidi kirsitort ... 136
59. Cherry Mand Pot de crème ... 138
60. Cherry Brownie pirukas ... 140
61. Kirsi kingsepp ... 142
62. Vanillikaste kook ... 144
63. Sidrunikirsi pähklivaht ... 146
64. Kirsivaht ... 148
65. Topeltkirss Semifreddo ... 150
66. Hapukas Cherry Swirl kookosejäätis ... 153
67. Vanamoodne jäätis ... 156
68. Kirss ja mandel Pavlova ... 158
69. Värske kirsipuu ... 160
70. Kirsirullitud jäätis ... 162
71. Kirsi-juustukoogi jäätis ... 164
72. Cherry bundti kook ... 166
73. Cherry gateau ... 168
74. Kirsi suflee ... 170
75. Kirsi tiramisu ... 172
76. Chia puding kirsipuuviljadest ... 175
77. Cherry Cannoli ... 177
78. Kirsi tart ... 180
79. Kirsipähkel pruunistega ... 182

80. Cherry Bircher ... 185
81. Kirsi Zuccotto ... 187
82. Cherry Boule-de-Neige ... 189
JOOGID ... 192
83. Kirsi-vanilje Bourbon ... 193
84. Kirsi limonaad ... 195
85. Ch erry Tutti-Frutti ... 197
86. Ananassi kirsipunch ... 200
87. Bourboni ja kirsi kokteil ... 202
88. Kirsikurgi värskendaja ... 204
89. Cherry Limeade ... 206
90. Kirsi-mündi vesi ... 208
91. Kirsi ja peterselli kokteili ... 210
92. Jääkirsi mokka ... 212
93. Bing C herriliköör ... 214
94. Kirsi-vanilje Bourbon ... 216
95. Kirsibrändi ... 218
96. Kirsiga infundeeritud konjak ... 220
97. Cherry Kombucha ... 222
98. Cherry Martini ... 224
99. Cherry Boba piimakokteil ... 226
100. Kirsi vanilje smuuti ... 228
KOKKUVÕTE ... 230

SISSEJUHATUS

Tere tulemast raamatusse "ÜLIMAALNE KIRSI KOKARAAMAT", mis on teie juhend kirsside veetlevate magusate ja hapukate maitsete avastamiseks 100 maitsva retsepti kaudu. Kirsid oma erksa värvi ja vastupandamatu maitsega on armastatud puuvili, mida naudivad inimesed üle kogu maailma. Selles kokaraamatus tähistame kirsside mitmekülgsust ja maitsvat maitset, tutvustades nende ainulaadset maitseprofiili mitmesugustes kulinaarsetes loomingutes.

Selles kokaraamatus asute kulinaarsele seiklusele läbi kirsside maailma, avastades hulgaliselt retsepte, mis tõstavad esile nende magusad ja hapukad maitsed. Alates klassikalistest kirsipirukatest ja mahlakastest moosidest kuni soolaste roogadeni, nagu kirsiga glasuuritud kanaliha ja erksad salatid, on iga retsept välja töötatud, et näidata selle armastatud puuvilja maitsvat mitmekülgsust. Olenemata sellest, kas olete magusate magustoitude või soolaste põhiroogade fänn, selles kollektsioonis on igaühele midagi, mida nautida.

"ÜLIMAALNE KIRSI KOKARAAMAT" eristab teistest selle rõhuasetus loovusel ja innovatsioonil. Kui kirsse seostatakse sageli klassikaliste magustoitudega, nagu pirukad ja kingitoosid, siis see kokaraamat uurib nende potentsiaali mitmesugustes roogades, alates hommikusöögist kuni soolaste eelroogadeni ja mujalgi. Kergesti järgitavate juhiste ja kasulike näpunäidete abil saate inspiratsiooni katsetada kirssidega uutel ja põnevatel viisidel, lisades igale toidukorrale maitsepuhangu.

Kogu sellest kokaraamatust leiate praktilisi nõuandeid kirsside valimise, säilitamise ja ettevalmistamise kohta, aga ka suurepäraseid fotograafia, mis inspireerib teie kulinaarset loomingut. Ükskõik, kas küpsetate mõne erilise sündmuse jaoks, korraldate õhtusööki või soovite lihtsalt nautida maitsvat kirsimaitset, "ÜLIMAALNE KIRSI KOKARAAMAT" sisaldab kõike, mida vajate selle veetleva puuvilja maksimaalseks kasutamiseks.

PÕHIRETSEPTID

1.Kirsi mahl

KOOSTISOSAD:
- 3 tassi kirsse; küpsed ja värsked või külmutatud
- ½ tassi vett

JUHISED:
a) Alustage kirsside pesemisest ja kivide eemaldamisest.
b) Sisestage kivideta kirsid lihtsalt läbi mahlapressi renni ja laske masinal tööd teha.
c) Töödelge viljaliha veel üks või kaks korda, et puuviljadest võimalikult palju mahla eraldada.

2. Kirsi siirup

KOOSTISOSAD:
- ½ tassi värskeid kirsse
- ½ tassi suhkrut
- ½ tassi vett

JUHISED:
a) Kuumuta suhkur väikeses potis madalal kuumusel vees.
b) Lisage kirsid siirupile ja laske neil üleöö õhukindlas anumas seista.
c) Kurna ja visake kirsid ära.

3. Kirsi liköör

KOOSTISOSAD:
- 4 tassi viina
- 4 tassi külmutatud tumedaid kivideta kirsse, sulatatud
- 2 tassi granuleeritud suhkrut

JUHISED:
a) Jagage suur viinapudel ühtlaselt kahe kvarti suuruse purgipurgi vahel, täites igasse purki veidi rohkem kui 2 tassi viina.
b) Lisage igasse purki kaks tassi kirsse.
c) Lisage igasse purki 1 tass granuleeritud suhkrut.
d) Keerake kaaned kindlalt kinni ja raputage purke hästi, et koostisained seguneksid.
e) Asetage purgid vähemalt 1 kuuks pimedasse kappi või muusse pimedasse kohta. Sel perioodil raputage purke vähemalt kaks korda nädalas või alati, kui pähe tuleb. Selle aja jooksul lahustub suhkur täielikult. Viin maitsestub 1 kuu pärast, kuid sügavama maitse ja värvi saamiseks võite lasta sellel kauem tõmmata.
f) Kui liköör on leotamise lõpetanud, kurna üks likööripurkidest valamistilaga suurde klaasimõõtu. Seejärel dekanteerige liköör kahte tihedalt suletava kaanega steriliseeritud 8½ untsi pudelisse. Korrake seda protsessi teise purgiga.
g) Asetage kõik kirsid ühte veerandpurki ja lisage kokteilikirsside saamiseks rummi, burbooni või brändit. Võite need jagada ka väiksemateks purkideks, et saada meeldivaid kingitusi, mis sobivad eriti vanamoodsa kokteili austajatele.
h) Hoidke likööri- ja kirsipudeleid jahedas ja kuivas kohas, näiteks kapis või sahvris.

4.Kirsipiruka täidis

KOOSTISOSAD:
- 4 tassi (616 g) kivideta kirsse, sulatatud, kui need on külmunud
- 1 tass (198 g) granuleeritud suhkrut
- 2 spl sidrunimahla
- ¼ tassi (28 g) maisitärklist
- Väike näputäis soola
- Valikuline: ⅛ teelusikatäit kaneeli

JUHISED:
a) Sega keskmisel kuumusel keskmises kastrulis kirsid, granuleeritud suhkur, sidrunimahl, maisitärklis, väike näputäis soola ja soovi korral kaneel. Sega hästi.
b) Kui teie kirsid ei ole väga mahlased, kaaluge segule vee lisamist. Vajalik veekogus võib varieeruda mõnest supilusikatäiest kuni ½ tassini, olenevalt teie puuvilja niiskusesisaldusest. See aitab saavutada soovitud konsistentsi.
c) Kuumuta segu keemiseni. Kui see hakkab keema, vähendage kuumust keskmiselt madalale.
d) Hauta 8-10 minutit või kuni segu pakseneb. Kui märkate, et segu kleepub pannile, alandage kuumust ja lisage kleepumise vältimiseks tilk vett.
e) Tõsta kastrul tulelt ja lase kirsipirukatäidisel veidi jahtuda.

5.Kirsikonservid

KOOSTISOSAD:
- 1 nael kivideta kirsse (värsked või külmutatud)
- 1½ tassi granuleeritud suhkrut
- 1 supilusikatäis värskelt pressitud sidrunimahla
- ½ tl sidrunikoort
- 1 supilusikatäis võid

JUHISED:
a) Alustage kirsside pesemisest ja ettevalmistamisest. Kui kasutate külmutatud kirsse, pole vaja neid eelnevalt üles sulatada.
b) Sega keskmises kastrulis kirsid, granuleeritud suhkur, värskelt pressitud sidrunimahl ja sidrunikoor.
c) Segage koostisaineid keskmisel-madalal kuumusel, kuni suhkur on täielikult lahustunud, mis peaks võtma umbes 5 minutit.
d) Tõsta kuumust ja lase segul keema tõusta. Laske sellel 3 minutit keeda, seejärel eemaldage see tulelt ja segage supilusikatäis võid.
e) Pange kastrul uuesti tulele ja laske uuesti keema tõusta. Seejärel vähendage kuumust keskmisele tasemele. Sega ja püreesta kirsse sageli, jätkake keetmist, kuni moos pakseneb. Saate kontrollida ka temperatuuri ja see peaks jõudma 220 °F/104 °C-ni. See võtab tavaliselt umbes 10 kuni 15 minutit.
f) Laske moosil veidi jahtuda ja viige see ettevaatlikult puhtasse karastatud purki.
g) Kui moos on täielikult jahtunud, katke purk ja hoidke külmkapis.

6.Kirsipulber

KOOSTISOSAD:

- Värsked või külmutatud kirsid

JUHISED:

a) Alusta kirsside pesemisest ja põhjalikust kuivatamisest. Vajadusel eemaldage kõik varred ja süvendid.
b) Kui teil on külmutatud kirsse, veenduge, et need on täielikult sulanud, ja kuivatage.
c) Asetage ettevalmistatud kirsid kuivatusalustele ühe kihina, tagades, et need ei puutuks üksteisega kokku.
d) Seadke dehüdraator kirsside jaoks temperatuurini umbes 135 °F (57 °C).
e) Dehüdreerige kirsse umbes 8-12 tundi või kuni need on täiesti kuivad ja rabedad. Aeg võib varieeruda sõltuvalt teie dehüdraatorist ja kirsside niiskusesisaldusest.
f) Kuumuta ahi madalaima võimaliku temperatuurini (tavaliselt umbes 170 °F või 75 °C).
g) Asetage ettevalmistatud kirsid ühe kihina küpsetuspaberiga kaetud ahjuplaadile.
h) Toetage ahjuuks puulusika või ahjukindla riistaga veidi lahti, et niiskus pääseks välja.
i) Küpseta kirsse 6-10 tundi, kontrollides neid regulaarselt. Need on valmis, kui nad on täiesti kuivad ja rabedad.
j) Laske kuivatatud kirssidel toatemperatuurini jahtuda.
k) Viige kuivatatud kirsid vürtsiveskisse, blenderisse või köögikombaini. Kui eelistate jämedamat tekstuuri, võite kasutada ka uhmrit ja nuia.
l) Kuivatatud kirsse pulbitseda või jahvatada, kuni saadakse peen pulber. See võib sõltuvalt teie varustusest võtta mõne minuti.
m) Viige kirsipulber õhukindlasse anumasse, näiteks tihedalt suletava kaanega klaaspurki.
n) Hoidke seda jahedas, kuivas kohas, otsese päikesevalguse eest kaitstult.

o) Kirsipulbrit saab kasutada loodusliku maitse- ja värvainena erinevates retseptides. See sobib suurepäraselt kirsimaitse lisamiseks smuutidele, kaerahelvestele, küpsetistele, kastmetele ja isegi omatehtud jäätisele.
p) Reguleerige kirsipulbri kogust maitse järgi, olenevalt kasutatavast retseptist.

7.Kirsimoos

KOOSTISOSAD:
- 3 tassi värskeid kirsse, kivideta ja tükeldatud
- ½ tassi magustamata õunamahla
- 2 tl sidrunimahla
- 2 (2 untsi) pakki pulbristatud puuviljapektiini
- 3 tassi valget suhkrut
- 4 pooleliitrist kaane ja rõngastega purki

JUHISED:
a) Segage suures kastrulis keskmisel kuumusel kirsid, õunamahl, sidrunimahl ja pulbristatud puuviljapektiin. Kuumuta segu keema ja sega hulka valge suhkur. Laske moosil pidevalt segades 2 minutit keeda. Eemaldage see tulelt ja koorige vaht.
b) Steriliseerige konservipurgid ja kaaned, asetades need vähemalt 5 minutiks keevasse vette. Pakkige kuum kirsimoos steriliseeritud purkidesse, täites need ¼ tolli täpsusega ülemisest osast. Pärast purkide täitmist tõmmake õhumullide eemaldamiseks noa või õhukese spaatliga mööda sisekülgi.
c) Toidujääkide eemaldamiseks pühkige purgi ääred niiske paberrätikuga. Katke iga purk kaanega ja keerake rõngad peale.
d) Asetage rest suure poti põhja ja täitke see poolenisti veega.
e) Lase vesi kõrgel kuumusel keema. Laske täidetud purgid ettevaatlikult purgihoidja abil potti, tagades, et nende vahele jääks 2-tolline ruum.
f) Vajadusel lisage veel keeva vett, hoides veetaset vähemalt 1 tolli kõrgusel purkide ülaosast.
g) Laske vesi uuesti täielikult keema, katke pott ja töödelge 15 minutit või vastavalt teie maakonna laiendusagendi soovitustele.
h) Eemaldage purgid potist ja asetage need riidega kaetud või puidust pinnale, hoides nende vahel mitu tolli.
i) Laske neil jahtuda. Kui see on jahtunud, vajutage iga kaane ülaosale sõrmega, et tagada tihendus (kaas ei tohiks liikuda üles ega alla).
j) Hoidke oma kirsimoosi jahedas ja pimedas kohas.

8.Kirsikaste

KOOSTISOSAD:
- 4 tassi magusaid kirsse (värskeid või külmutatud), kivideta
- ¼ kuni ⅓ tassi vett
- 1 supilusikatäis maisitärklist
- 1 spl sidrunimahla
- 2 supilusikatäit suhkrut

JUHISED:
a) Keskmises kastrulis (tulult maha) valage vesi. Kasutage ⅓ tassi vett värskete kirsside jaoks ja ¼ tassi vett külmutatud kirsside jaoks. Vahusta 1 spl maisitärklist, 1 spl sidrunimahla ja 2 spl suhkrut.
b) Aseta kastrul keskmisele kuumusele ja vispelda pidevalt, kuni segu hakkab paksenema.
c) Lisa kirsid ja küpseta aeg-ajalt segades, kuni kaste jõuab kergelt keemiseni. See võtab värskete kirsside puhul umbes 6–10 minutit ja külmutatud kirsside puhul 12–15 minutit. Kaste peaks olema paksenenud ja ühtlaselt mullitav, mitte ainult äärtest. Kui see on saavutatud, eemaldage see tulelt.
d) Laske kastmel jahtuda toatemperatuurini, katke see kaanega ja hoidke seda külmikus klaaspurgis või Tupperware konteineris, kuni olete selle kasutamiseks valmis. Seismisel pakseneb see veelgi.

9.Kirsi piim

KOOSTISOSAD:
- 6 untsi mandlipiima
- 4 untsi hapukas kirsimahl
- 1 spl mett või vahtrasiirupit

JUHISED:
a) Kuumuta väikeses potis keskmisel kuumusel mandlipiim ja hapukirsimahl.
b) Eemaldage tulelt ja vahustage mesi.
c) Joo soojalt.

10. Kirsi vinegrett

KOOSTISOSAD:
- 1 tass kirsse, kivideta ja poolitatud
- 2 supilusikatäit punase veini äädikat
- 1 spl vaarikaäädikat (või balsamico glasuuri)
- 3 supilusikatäit ekstra neitsioliiviõli

JUHISED:
a) Alustage kirsside pesemisest, kivide eemaldamisest ja poolitamisest.
b) Aseta kõik kastme koostisosad väikesesse köögikombaini või kompaktsesse kiiresse blenderisse. Blenderda kuni segu muutub ühtlaseks.
c) Maitske kastet ja kohandage maitseaineid vastavalt oma eelistustele.
d) Kui kaste tundub liiga paks, võite soovitud konsistentsi saavutamiseks lisada 1-2 supilusikatäit vett.
e) Hoidke Cherry Vinaigrette'i külmkapis õhukindlas anumas. Seda saab hoida 3-4 päeva.

11. Kirsivõi

KOOSTISOSAD:
- 5 naela kirsse, kivideta
- 1-2 tassi granuleeritud suhkrut

JUHISED:

a) Alustage kirsside kivide eemaldamisega, kasutades kas käsikannu või ülalkirjeldatud keedumeetodit.

b) Kui kirsid on kividest eemaldatud, püreesta need ühtlaseks.

c) Tõsta püree aeglasele pliidile ja küpseta madalal kuumusel 8–16 tundi või kuni kirsipüree on poole võrra vähenenud ja muutub üsna paksuks.

d) Kasutage mikserit, et püreestada segu uuesti, kuni see on väga ühtlane. Lisage oma maitse järgi suhkrut ja segage, kuni see on täielikult jaotunud ja lahustunud.

e) Valage valmis kirsivõi pooleliitristesse purkidesse, tagades, et ülaosas jääks ½ tolli vaba ruumi.

f) Pühkige purgiääred puhtaks, pange peale kaaned ja rõngad ning töödelge purke 15 minutit keeva veevannis.

g) Pärast töötlemisaega eemaldage purgid ettevaatlikult ja asetage need kokkuvolditud köögirätikule jahtuma. Kui purgid on piisavalt jahtunud, et saaksite neid mugavalt käsitseda, kontrollige tihendeid.

h) Suletud purgid säilivad toatemperatuuril kuni aasta. Kõik sulgemata purgid tuleb jahutada ja kohe ära kasutada.

12. Pošeeritud kirsid

KOOSTISOSAD:

- 24 kivideta kirsi
- 250 ml punast veini
- 2 supilusikatäit pruuni suhkrut
- 1 kaneelipulk
- 1 tl musta pipra tera
- 1 vaniljekauna seemned

JUHISED:

a) Alustage punase veini ja pruuni suhkru õrnalt soojendamisega kastrulis, segades, kuni suhkur on täielikult lahustunud.
b) Pange kaneelipulk ja mustad pipraterad marli sisse, siduge see kindlalt kinni ja lisage koos veiniga kastrulisse.
c) Lisa pannile kirsid ja vaniljeseemned, tagades põhjaliku segunemise, ja aja keema.
d) Jätkake küpsetamist paar minutit, kuni kirsid muutuvad pehmeks.
e) Seejärel eemaldage kirsid ettevaatlikult lusikaga pannilt ja viige need kaussi.
f) Jätkake veinisegu keetmist, kuni see muutub siirupiseks konsistentsiks.
g) Sisestage kirsid uuesti pannile, võtke see tulelt ja segage hästi, et puuviljad ja siirup seguneksid.

13. Röstitud kirsid

KOOSTISOSAD:
- 4 tassi kivideta kirsse
- 1 supilusikatäis oliiviõli
- ¼ teelusikatäit peent meresoola
- ¼ teelusikatäit musta pipart
- 3 supilusikatäit värsket peterselli, hakitud

JUHISED:
a) Kuumuta ahi 450 kraadini ja vooderda lehtpann küpsetuspaberiga.
b) Kasutage kirsikannu, et eemaldada kirsidelt kivid.
c) Viska kausis kirsid oliiviõli, meresoola ja musta pipraga, kuni need on hästi kaetud. Laota ettevalmistatud kirsid vooderdatud lehtpannile.
d) Rösti kirsse eelkuumutatud ahjus 15 minutit.
e) Kui olete valmis, eemaldage kirsid ahjust ja puistake neile hakitud värsket peterselli. Viska kirsid õrnalt peale, kui need on käsitsemiseks piisavalt jahtunud.
f) Röstitud kirsse võid nautida soojalt lisandina või hoida neid kuni viis päeva külmkapis, et kasutada salatites või maitsva vahepalana.

HOMMIKUSÖÖK JA BRUNCH

14. Kirsi banaanileib

KOOSTISOSAD:

BANAANILEIVA JAOKS:
- 3 küpset banaani, purustatud
- ½ tassi soolata võid, sulatatud
- 1 tass granuleeritud suhkrut
- 2 suurt muna
- 1 tl vaniljeekstrakti
- 1 ½ tassi universaalset jahu
- ¼ tassi kakaopulbrit
- 1 tl söögisoodat
- ½ tl soola
- ½ tassi poolmagusaid šokolaaditükke

KATTEKS:
- 1 tass värskeid kirsse, kivideta ja poolitatud
- ¼ tassi granuleeritud suhkrut
- ¼ tassi vett
- 1 spl maisitärklist
- Vahukoor (serveerimiseks, soovi korral)

JUHISED:

a) Kuumuta ahi temperatuurini 350 °F (175 °C). Määri ja jahuga 9x5-tolline leivavorm.
b) Püreesta küpsed banaanid segamisnõus kahvliga ühtlaseks massiks.
c) Eraldi suures kausis vahustage sulavõi ja granuleeritud suhkur ühtlaseks seguks.
d) Lisa munad ja vaniljeekstrakt või-suhkru segule ning vahusta ühtlaseks.
e) Sõeluge teises kausis kokku universaalne jahu, kakaopulber, söögisooda ja sool.
f) Lisage kuivained järk-järgult märgadele koostisosadele, segades, kuni need on lihtsalt segunenud. Ärge segage üle.
g) Voldi õrnalt sisse poolmagusad šokolaaditükid.
h) Vala banaanileivatainas ettevalmistatud leivavormi.
i) Küpseta eelkuumutatud ahjus 60-70 minutit või kuni keskele torgatud hambaork tuleb puhtana välja.

j) Banaanileiva küpsemise ajal valmista kate. Sega kastrulis kivideta ja poolitatud kirsid, granuleeritud suhkur ja vesi. Kuumuta keskmisel kuumusel keema.
k) Sega väikeses kausis maisitärklis supilusikatäie veega, et tekiks läga. Lisage see pulber keevale kirsisegule ja segage, kuni kaste pakseneb. Eemaldage kuumusest ja laske jahtuda.
l) Kui banaanileib on küpsetatud, eemaldage see ahjust ja laske sellel umbes 10 minutit jahtuda, enne kui viige see restile täielikult jahtuma.
m) Kui banaanileib on jahtunud, vala lusikaga pätsile kirsikate.
n) Soovi korral serveeri banaanileiva viile koos vahukoorega.

15. Kirss ja pistaatsiapähklid Kaerahelbed

KOOSTISOSAD:
- 2 tassi vanaaegset kaera
- 2¼ tassi vett
- 2¼ tassi piima
- ½ tl soola
- ¼ teelusikatäit muskaatpähklit
- 1 spl mett
- 1 spl kuivatatud jõhvikaid
- 1 spl kuivatatud kirsse
- 1 spl röstitud pistaatsiapähklid

JUHISED:
a) Lisage kiirpotti kõik koostisosad, välja arvatud jõhvikad, kirsid ja pistaatsiapähklid.
b) Kinnitage pliidi kaas ja vajutage funktsiooniklahvi "Käsitsi".
c) Seadke aeg 6 minutiks ja küpseta kõrgel rõhul.
d) Pärast piiksu vabastage rõhk loomulikult ja eemaldage kaas.
e) Sega valmis kaerahelbed ja serveeri kausis.
f) Kaunista pealt jõhvikate, kirsside ja pistaatsiapähklitega.

16. Kirsitäidisega inglise muffin

KOOSTISOSAD:
- 2 suurt muna
- ½ tassi magustamata vanilje mandlipiima
- 2 spl vahtrasiirupit
- ¼ tl vaniljeekstrakti
- 1 tl jahvatatud kaneeli
- ½ sidruni mahl
- 2 täistera inglise muffinit, lõigatud 1-tollisteks kuubikuteks
- ¼ tassi makadaamiapähkleid
- ½ tassi värskeid kivideta kirsse
- Vahtrasiirup (valikuline)

JUHISED:
a) Kuumuta ahi temperatuurini 375 kraadi F (190 kraadi C).
b) Määri kaks ramekiini mittenakkuva küpsetuspreiga ja tõsta kõrvale.
c) Vahusta kausis munad, mandlipiim, vahtrasiirup, vaniljeekstrakt, jahvatatud kaneel ja sidrunimahl.
d) Teises kausis viska kokku inglise muffinikuubikud, makadaamiapähklid ja värsked kirsid. Jaga see segu ühtlaselt kahe ettevalmistatud ramekiini vahel.
e) Vala munasegu Inglise muffini ja kirsi segule ramekiinidesse.
f) Asetage ramekiinid eelsoojendatud ahju ja küpsetage umbes 22–25 minutit või kuni servad hakkavad krõbedama ja Prantsuse röstsaia tassid on küpsenud.

17.Amaretto kirsikoonid

KOOSTISOSAD:
- 2 tassi universaalset jahu
- ½ tassi suhkrut
- 2 tl küpsetuspulbrit
- ½ tl soola
- ½ tassi soolata võid, jahutatud ja kuubikuteks lõigatud
- ½ tassi kuivatatud kirsse, tükeldatud
- ¼ tassi viilutatud mandleid
- ¼ tassi amarettot
- ½ tassi rasket koort
- 1 muna, lahtiklopitud

JUHISED:
a) Kuumuta ahi temperatuurini 375 ° F.
b) Vahusta suures kausis jahu, suhkur, küpsetuspulber ja sool.
c) Lõika või kondiitrilõikuri või sõrmi kasutades kuivainete hulka, kuni segu meenutab jämedat puru.
d) Sega juurde kuivatatud kirsid ja viilutatud mandlid.
e) Vahusta eraldi kausis amaretto, koor ja muna.
f) Vala märjad ained kuivainete peale ja sega, kuni segu on lihtsalt ühtlane.
g) Tõsta tainas jahusel pinnale ja sõtku õrnalt, kuni moodustub ühtlane pall.
h) Patsutage tainas umbes 1 tolli paksuseks ringiks.
i) Lõika ring 8 viiluks.
j) Aseta viilud küpsetuspaberiga kaetud ahjuplaadile.
k) Pintselda skoonide pealsed veidi lisakreemiga.
l) Küpseta 20-25 minutit, kuni see on kuldpruun ja läbi küpsenud.
m) Serveeri soojalt koos tilgakese amarettoglasuuriga (valmistatud tuhksuhkru ja amarettoga).

18. Lavendel kirss üleöökaer

KOOSTISOSAD:
- 1 tass india pähkleid
- 2 ½ tassi vett
- ½ tl kuivatatud kulinaarset lavendlit
- 1 spl suhkrut
- 1 tl värsket sidrunimahla
- 1 tl puhast vaniljeekstrakti
- 1 tass valtsitud kaerahelbeid
- 1 tass värskeid kirsse, kivideta ja poolitatud
- 2 spl viilutatud mandleid

JUHISED:
a) Aseta india pähklid ja vesi võimsasse blenderisse ning püreesta väga kreemjaks ja ühtlaseks. Sõltuvalt teie blenderi tugevusest võib selleks kuluda kuni 5 minutit.
b) Lisage lavendel, suhkur, sidrunimahl, vaniljeekstrakt ja väike näputäis soola. Segage pulss, seejärel kurnake sõela või pähklipiimakotti kasutades.
c) Pane india-lavendli piim kaussi ja sega hulka kaer. Kata kaanega ja pane külmkappi ning lase tõmmata 4-6 tundi või üleöö.
d) Serveerimiseks tõsta kaerahelbed lusikaga kahte kaussi ning lisa kirsid ja mandlid. Nautige!

19.Kirsiga täidetud kringli croissant

KOOSTISOSAD:
- 2 värsket kringli croissanti
- 6 spl kohupiimajuustu või toorjuustu
- 3 spl vahtrasiirupit või mett
- 1 tl sidrunimahla
- ½ tl vaniljeekstrakti
- 1 tass värskeid maasikaid
- ½ tassi värskeid kirsse

JUHISED:
a) Pese maasikad ja eemalda rohelised pealsed. Lõika need viiludeks. Pese kirsid, poolita ja eemalda kivid. Sega maasikad ja kirsid kausis 1 spl vahtrasiirupi ja sidrunimahlaga.
b) Sega eraldi kausis kohupiim 1 spl vahtrasiirupi ja vaniljeekstraktiga. Kreemsema konsistentsi saamiseks lisa segule soovi korral 1-2 spl vett.
c) Lõika kringli croissantid horisontaalselt pooleks. Määri iga sarvesaia alumisele poolele 3 spl vaniljekohupiima segu.
d) Katke kohupiima segu segatud puuviljadega, jaotades need ühtlaselt sarvesaia poolikutele.
e) Kata viljad sarvesaia ülemise osaga, moodustades mõnusa täidisega kringli croissanti.
f) Soovi korral nirista sarvesaia ülemisele poolele veel vahtrasiirupit või mett, et saada magusust.
g) Serveerige kohe ja nautige seda veetlevat maasika ja kirsiga täidetud kringli sarvesaia mõnusaks hommikusöögiks, mis toob teie hommikurutiini suvised maitsed.

20. Kirsi kuum šokolaad

KOOSTISOSAD:
KUUM ŠOKOLAAD:
- 1 tass täispiima
- 2 supilusikatäit granuleeritud suhkrut
- 1 ½ supilusikatäit magustamata kakaopulbrit
- 1 spl Amarena kirsimahla
- ½ tl puhast vaniljeekstrakti
- 1/16 tl meresoola
- 1 ½ untsi 72% tumedat šokolaadi tükeldatud

TÄIDISED:
- 4 supilusikatäit tugevat vahukoort, mis on vahustatud pehmeks vahuks
- 2 Amarena kirsid
- 2 tl tumeda šokolaadi lokke

JUHISED:
a) Lisage keskmisel kuumusel väikesesse kastrulisse piim, suhkur, kakaopulber, kirsimahl, vanill ja sool ning vahustage.
b) Pärast keetmist vispelda juurde tükeldatud šokolaad.
c) Kuumuta keemiseni ja keeda pidevalt vispeldades, kuni see on veidi paksenenud, umbes 1 minut.
d) Valage 2 kruusi ja asetage mõlemale poole vahukoorest, 1 kirss ja 1 tl šokolaadikruusi.
e) Serveeri kohe.

21.Kirsi prantsuse röstsai

KOOSTISOSAD:
- 2 viilu challah-leiba, paksuks viilutatud
- 2 muna
- 3 supilusikatäit poolteist või piima
- 6 spl suhkrut
- 3 supilusikatäit Hershey kakaod, magustamata
- 1 tl vanilli
- 1 tl kaneeli, jahvatatud
- 1 näputäis soola
- 3 spl toorjuustu või vahukoore juustu

KAITSE PRANTSUSE röstsaia jaoks
- 1 pudel Hershey spetsiaalset tumeda šokolaadi siirupit
- 1 purk hapukirsihoidiseid või hapukirsimoosi
- 1 purk griottine (kirsid kirsis)
- 1 purk vahukoort
- ¼ c poolmagusaid šokolaaditükke

JUHISED:
a) Võtke üsna suur kauss, et valmistada röstsaia sissekastmiseks mõeldud segu.
b) Lisage oma munad ja vahustage need. Seejärel lisage pool ja pool, vanill, kaneel, stevia ja Hershey kakao.
c) Klopi need kõik kokku. Šokolaadi lisamiseks kulub veidi vahustamist, kuid see läheb mõne minuti pärast.
d) Kuumuta ahi 350 kraadini või kasuta rösterahju.
e) Kuumuta pannil õli või võid.
f) Nüüd võtke üks viil leiba ja kastke see segusse, et see oleks küllastunud, keerake see ümber ja võtke ka teine pool. Korrake sama teise lõigu jaoks.
g) Raputage üleliigne maha ja asetage pannile küpsema. Küpseta, kuni mõlemad pooled on ilusad ja krõbedad pruunid.
h) Aseta taldrikule üks viil röstsaia, lisa ohtralt toorjuustu ja peale šokolaaditükid.
i) Lisa oma teine viil röstsaia peale. Nüüd asetage oma 2 röstsaiaviilu küpsetusnõusse ja ahju/või rösteri ahju umbes 5 minutiks, kuni laastud on sulanud. Eemaldage ja plaadike.

j) Lisa röstsaia peale osa hapukirsse koos mitme lusikatäie magusa vedelikuga. Lisage vahukoor, lisage 3 või 4 griottine'i ja supilusikatäis kirši ning niristage oma Hershey šokolaadisiirupiga Prantsuse röstsai.

k) Lisage veel mõned šokolaaditükid... nüüd olete valmis sööma kõige dekadentlikumat Prantsuse röstsaia, mida olete kunagi söönud. Nautige iga suutäit!

22. Kirsi mandli pannkoogid

KOOSTISOSAD:
- 1½ tassi mandlijahu
- 1 tl küpsetuspulbrit
- 1 tl söögisoodat
- ¼ teelusikatäit soola
- 2 suurt muna, lahtiklopitud
- 1 spl vahtrasiirup
- 1 tl vaniljeekstrakti
- ½ tassi konserveeritud täisrasvast kookospiima
- ½ tassi peeneks hakitud magusaid kirsse
- ¼ tassi viilutatud mandleid

JUHISED:
a) Lisa kaussi jahu, küpsetuspulber, sooda ja sool ning vahusta korralikult läbi.
b) Vahusta eraldi kausis munad, vahtrasiirup, vanill ja kookospiim.
c) Lisa märjad koostisosad kuivainetele ja vispelda, et need omavahel korralikult seguneks.
d) Nüüd vispelda hulka kirsid ja mandlid ning sega, kuni kõik on hästi segunenud.
e) Laske taignal 5–10 minutit seista. See võimaldab kõigil koostisosadel kokku tulla ja annab taignale parema konsistentsi.
f) Pihustage mittenakkuvale pannile või praepannile ohtralt taimeõli ja kuumutage keskmisel-kõrgel kuumusel.
g) Kui pann on kuum, lisage tainas ¼-tassi mõõtetopsi abil ja valage pannkoogi valmistamiseks pannile. Kasutage pannkoogi vormimiseks mõõtetopsi.
h) Küpseta, kuni küljed on hangunud ja keskele tekivad mullid (umbes 2–3 minutit), seejärel keerake pannkook ümber.
i) Kui pannkook on sellelt küljelt küpsenud, eemaldage pannkook tulelt ja asetage see taldrikule.
j) Jätkake neid samme ülejäänud taignaga.

23. Brandy kirsi vahvlid

KOOSTISOSAD:
- 2 tassi universaalset jahu
- 2 supilusikatäit granuleeritud suhkrut
- 1 spl küpsetuspulbrit
- ½ tl soola
- 2 suurt muna
- 1¾ tassi piima
- ¼ tassi soolata võid, sulatatud
- 2 supilusikatäit brändit
- ½ tassi hakitud kirsse (värsked või külmutatud)

JUHISED:
a) Vahusta segamiskausis jahu, suhkur, küpsetuspulber ja sool.
b) Eraldi kausis klopi lahti munad. Lisa piim, sulatatud või, brändi ja hakitud kirsid. Vahusta, kuni see on hästi segunenud.
c) Valage märjad koostisosad kuivade koostisosade hulka ja segage, kuni need on lihtsalt segunenud.
d) Kuumutage vahvliraud ja määrige see kergelt rasvaga.
e) Vala tainas eelkuumutatud vahvliraudale ja küpseta vastavalt tootja juhistele.
f) Serveeri brändikirsi vahvleid tuhksuhkru ja vahukoorega.

24. Sünnipäeva kirsipähklileib

KOOSTISOSAD:
- 2 tassi universaalset jahu
- 1 tl küpsetuspulbrit
- ½ tl söögisoodat
- ¼ teelusikatäit soola
- ½ tassi soolamata võid, pehmendatud
- 1 tass granuleeritud suhkrut
- 2 suurt muna
- 1 tl vaniljeekstrakti
- ½ tassi petipiima
- 1 tass värskeid või külmutatud kirsse, kivideta ja poolitatud
- ½ tassi hakitud kreeka pähkleid

VALIKULINE GLAAŽ:
- 1 tass tuhksuhkrut
- 1-2 spl piima
- ½ tl vaniljeekstrakti

JUHISED:
a) Kuumuta ahi 180°C-ni (350°F) ja määri 9x5-tolline leivavorm.
b) Sega keskmises kausis omavahel jahu, küpsetuspulber, sooda ja sool. Kõrvale panema.
c) Vahusta suures segamiskausis pehme või ja granuleeritud suhkur heledaks ja kohevaks vahuks.
d) Lisa ükshaaval munad, pärast iga lisamist korralikult vahustades. Sega juurde vanilliekstrakt.
e) Lisa võisegule järk-järgult kuivained, vaheldumisi petipiimaga. Alustage ja lõpetage kuivainetega, segades, kuni need on lihtsalt segunenud.
f) Murra õrnalt sisse kirsid ja hakitud kreeka pähklid, kuni need jaotuvad ühtlaselt kogu taignas.
g) Vala tainas ettevalmistatud leivavormi ja silu pealt spaatliga ühtlaseks.
h) Küpseta eelkuumutatud ahjus umbes 50–60 minutit või kuni keskele torgatud hambaork tuleb puhtana välja.
i) Võta leib ahjust ja lase umbes 10 minutit pannil jahtuda. Seejärel asetage see restile, et see täielikult jahtuda.

VALIKULINE GLAAŽ:

j) Vahusta väikeses kausis tuhksuhkur, piim ja vaniljeekstrakt ühtlaseks ja kreemjaks vahuks. Reguleerige konsistentsi, lisades vajadusel rohkem piima.

k) Kui leib on jahtunud, nirista peale glasuur, lastes sellel külgedelt alla tilkuda.

25.Cherry Jam Donuts

KOOSTISOSAD:

Sõõrikutainast
- 250g kanget saiajahu
- 50g tuhksuhkrut pluss 100g tolmutamiseks
- 5 g kuivatatud pärmi
- 2 muna
- 60 g soolavõid, sulatatud
- 2 liitrit päevalilleõli

TÄIDISEKS
- 200 g kirsimoosi
- 100 ml vahukoort

JÄÄSTUSEKS
- 100g tuhksuhkrut, sõelutud
- 2 spl kakaopulbrit, sõelutud
- 50 g tavalist šokolaadi
- värsked kirsid (valikuline)

JUHISED:

a) Pane jahu, suhkur, pärm, munad ja 125 ml sooja vett taignakonksu või labaga mikserisse ja sega 5 minutit, kuni tainas on väga pehme. Kui teil pole mikserit, võite kasutada suurt kaussi ja sõtkuda käsitsi (selleks võib kuluda kuni 10 minutit).

b) Lase tainal minut-kaks mikseris või kausis seista, kuni sulatad võid, seejärel käivita mikser uuesti ja lisa õrnalt õhukese joana sulavõi. Sega hästi veel 5 minutit, kuni tainas on läikiv, sile ja elastne ning tuleb kausi külgedelt lahti. Jällegi saab seda teha käsitsi, sõtkudes võid tainasse.

c) Kata kauss toidukilega ja tõsta 30 minutiks sooja kohta kõrvale, kuni see on ligikaudu kahekordistunud. Kui tainas on tõestatud, eemaldage tainas kausist, asetage see kergelt jahuga kaetud pinnale ja sõtke 2 minutit. Pane tainas tagasi kaussi ja kata toidukilega, seejärel jahuta üleöö külmikus.

d) Järgmisel päeval võta tainas külmikust välja ja lõika 10 võrdseks tükiks, mõlemat veidi sõtkudes ja ümmargusteks vormides. Asetage kergelt jahuga ülepuistatud küpsetusplaadile, asetage need üksteisest hästi, seejärel katke uuesti kergelt õlitatud toidukilega ja asetage sooja kohta 1-2 tunniks kõrvale, kuni see on umbes kahekordistunud.

e) Valage õli suurde kastrulisse, nii et see oleks umbes poolenisti täis, ja soojendage seejärel termomeetriga 170 °C-ni või kui väike saiatükk muutub 30 sekundiga kahvatukollaseks.

f) Pane 100 g tuhksuhkrut tolmutamiseks valmis kaussi, seejärel aseta sõõrikud 2-3 kaupa lusikaga ettevaatlikult kuuma õli sisse ja prae 2 minutit mõlemalt poolt kuldpruuniks. Eemaldage lusikaga ja pange otse suhkrukaussi, viskage katteks, seejärel asetage jahutusrestile.

g) Sõõrikute jahtumise ajal pane ühte torukotti kirsimoos ja teise vahukoor ning lõika iga koti otsa 1 cm auk.

h) Võtke jahtunud sõõrik ja tehke terava noaga väike sisselõige selle ühele küljele kuni sõõriku keskosani. Nüüd võtke teelusikas ja sisestage see auku, kuni lusika tass jõuab keskmesse, seejärel keerake teelusikat 360 kraadi ja tõmmake taigna keskosa välja; ära visata.

i) Võtke moosikott ja toruke keskele umbes 1 supilusikatäis moosi, seejärel tehke sama kreemiga, tagades, et sõõrikud on lihavad ja täidisega. Asetage need tagasi jahutusrestile.

j) Pane glasuuri koostisosad väikesesse kaussi 2–3 sl veega ja sega hästi, kuni glasuur on paks ja läikiv ning katab teelusika seljaosa. Nirista igale sõõrikule tihedalt siksakilise mustriga 1 supilusikatäis glasuuri.

k) Seejärel raseerige kartulikoorijaga tahvli küljelt taldrikule õhukesed tavalise šokolaadi laastud. Puista laastud teelusikaga sõõrikutele.

l) Serveeri värskete kirssidega.

26. Cherry biscotti

KOOSTISOSAD:
- 2 tassi universaalset jahu
- 1 tass Suhkur
- ½ tl Küpsetuspulbrit
- ½ teelusikatäit soola
- ¼ tassi võid; lõigata väikesteks tükkideks
- 1 tass terveid mandleid; jäme hakk
- 1 tass Terveid suhkrustatud kirsse
- 2 suurt muna; kergelt pekstud
- ½ tl vanilli
- 1 supilusikatäis piima (valikuline)

JUHISED:
a) Kuumuta ahi 350 kraadini. Määri suur küpsetusplaat.
b) Sega kausis jahu, suhkur, küpsetuspulber ja sool. Lõika kondiitri segistiga võisse, kuni moodustub jäme puru. Sega juurde mandlid ja kirsid. Segage munad ja vanill, kuni segu on hästi segunenud. Kui segu on murenev, lisage piim.
c) Jaga segu pooleks.
d) Suru tainas kergelt jahusel pinnal jahuste kätega kokku ja vormi kaheks 10-tolliseks palgiks. Tasandage 2–½ tolli laiuseks. Asetage palgid ettevalmistatud küpsetusplaadile.
e) Küpseta 350-kraadises ahjus 30 kuni 35 minutit. Tõstke palgid kahe spaatliga restile 20 minutiks jahtuma.
f) Lõika iga palk sakilise noaga diagonaalselt ¾ tolli paksusteks viiludeks.
g) Naaske küpsetusplaadile. Küpseta 15 minutit või kuni küpsised on krõbedad ja puudutamisel tugevad. Tõsta restile jahtuma.
h) Hoida õhukindlas anumas kuni 2 nädalat.

27.Toblerone krepid bränditud kirssidega

KOOSTISOSAD:
- 250 g Philadelphia määritavat toorjuustu
- 100g Toblerone piimašokolaadi sulatatult ja jahutatult
- 1 pakk külmutatud kreppe, sulatatud
- 425 g purki kivideta kirsse siirupis
- 3 tl maisijahu
- 2 supilusikatäit brändit või kirši
- soovi korral vanillijäätist

JUHISED:
a) Vahusta Philly ja šokolaad ühtlaseks ja kohevaks vahuks. Asetage krepid taldrikule, katke need kilega
b) Kuumutage mikrolaineahjus kõrgel temperatuuril 30–60 sekundit, kuni krepid on läbi soojenenud. Voldi iga krepp pooleks, määri kumbki pool šokolaadikreemiga ja voldi uuesti kokku, nii et krepp on neljandikuks.
c) Segage pasta saamiseks veidi kirsisiirupit maisijahuga ja lisage seejärel kirssidele koos brändiga. Hauta potis, kuni siirup on paksenenud. Laske jahtuda
d) Aseta igale serveerimistaldrikule 2 kreppi ja nirista üle kirsikastmega. Serveeri soovi korral kohe koos jäätisega.

28. Kirsi krepid

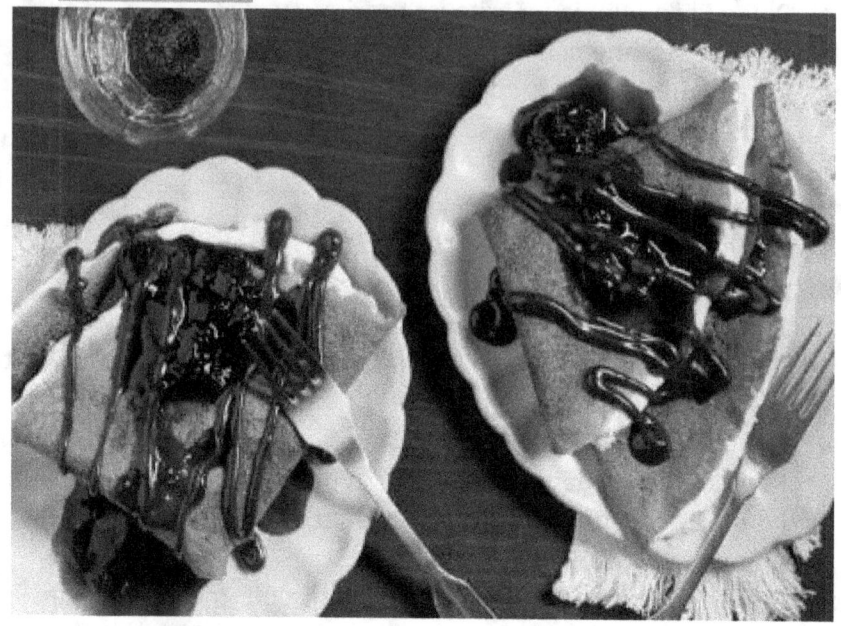

KOOSTISOSAD:
- Šokolaadikrepid
- Kirsch või šerri (valikuline)
- 19 untsi kirsipiruka täidist
- ¼ tassi granuleeritud suhkrut
- ⅛ teelusikatäis muskaatpähklit
- Vahukoor

JUHISED:
a) Puista krepid üle kirši või šerriga.
b) Sega kirsipirukatäidis, suhkur ja muskaatpähkel omavahel.
c) Lusikaga umbes 2 supilusikatäit krepi ühe külje lähedale. Rulli.
d) Lubage 2 portsjoni kohta. Laota taldrikule serv allapoole.
e) Kõige peale vahukoor.

29. Kirsi kohv

KOOSTISOSAD:
- 6 untsi värskelt keedetud kohvi
- 2 supilusikatäit šokolaadisiirupit
- 1 supilusikatäis Maraschino kirsimahla
- Vahukoor
- Raseeritud šokolaad
- Maraschino kirsid

JUHISED:
- Sega tassis kohv, šokolaadisiirup ja kirsimahl. Sega hästi.
- Kõige peale vahukoorešokolaadilaastud ja kirss või 2.

30. Kirsišokolaadikukkel s

KOOSTISOSAD:
Tainas:
- 1 ½ supilusikatäit aktiivset kuivpärmi
- 1 ¾ tassi täisrasvast kookospiima soojas, kuid mitte kuumas
- ¾ teelusikatäit soola
- 2 ½ sl õli pluss veel panni määrimiseks
- ⅔ tassi suhkrut
- 4 ¼ tassi jahu pluss veel tööpinna jaoks

TÄITMINE:
- 2 spl kookosõli
- 2 ½ tassi värskeid kivideta ja pooleks lõigatud kirsse
- ½ tassi suhkrut
- 1 tl vaniljeekstrakti
- näputäis kaneeli valikuline
- ¼ teelusikatäit soola
- 1 tass piimavabu poolmagusaid šokolaaditükke

JÄÄRTUS:
- 2 tassi tuhksuhkrut
- ⅓ tassi kookoskoort
- ¼ tassi kakaopulbrit
- 1 tl vaniljeekstrakti
- näputäis soola

JUHISED:
a) Lahustage seismikseri kausis (või suures kausis) pärm piimas ja laske umbes 5 minutit seista, kuni see muutub mulliliseks. Segage suhkur, õli ja sool, kuni segu on segunenud.
b) Lisa tassi kaupa jahu, kuni tainas kokku tuleb ja hakkab kausi külgedelt eemalduma.
c) Kata kauss niiske rätiku või kilega ja aseta sooja kohta kerkima, kuni see kahekordistub.
d) Vahepeal valmista oma täidis. Sega kirsid, või, sool ja suhkur keskmises kastrulis keskmisel-madalal kuumusel.
e) Kuumuta segu õrnalt segades pehmeks keemiseni ja keeda 10–12 minutit, kuni kaste hakkab piisavalt paksenema, et katta lusika seljaosa.

f) Eemaldage tulelt ja lisage vanill ja kaneel, seejärel pange kõrvale. Määri 13x9-tolline klaaspann rasvaga ja vala lusikaga paar lusikatäit kirssidest saadud kastet panni(de)le.
g) Jagage tainas pooleks ja rullige üks pool kergelt jahusel pinnal umbes ¼ tolli paksuseks ristkülikuks. Määri peale ½ kirsitäidisest ühtlase kihina ja puista peale ½ tassi šokolaaditükke.
h) Alustades lühikesest otsast, rullige see kokku, kuni teil on omamoodi palk.
i) Seejärel lõigake terava noaga kuueks (või ümmarguse panni puhul 7 spiraaliks) ja asetage ettevalmistatud pannile (spiraal ülespoole). Korrake sama teise taigna poolega, kuni teil on 12 rulli. Katke pannid ja laske neil ahju eelsoojendamise ajal kerkida.
j) Kuumuta ahi temperatuurini 350 kraadi F (175 C). Küpseta 30-40 minutit, kuni servad hakkavad pruunistuma. Eemaldage pann(id) ahjust ja laske neil enne serveerimist umbes 5 minutit jahtuda.
k) Glasuuri jaoks vahusta ained keskmises kausis omavahel tihedaks ja ühtlaseks massiks. Serveeri soojade kuklite peal.

SUUPISTED

31. Kirsiga täidisega šokolaaditrühvlid

KOOSTISOSAD:
- 8 untsi tumedat šokolaadi, tükeldatud
- ½ tassi rasket koort
- 12 maraschino kirsi, nõrutatud ja kuivaks patsutatud
- Kakaopulber tolmutamiseks

JUHISED:
a) Kuumuta koort kuumaks, kuid mitte keemiseni.
b) Vala peale tükeldatud šokolaad ja sega ühtlaseks massiks.
c) Aseta iga trühvli sisse maraschino kirss.
d) Vormi pallid, veereta kakaopulbris ja pane külmkappi tahenema.

32. Kirsibatoonid

KOOSTISOSAD:
- 3 21-untsi purki kirsipirukatäidist, jagatud
- 18-½ untsi pkg. šokolaadikoogi segu
- ¼ c. õli
- 3 muna, lahtiklopitud
- ¼ c. kirsimaitseline brändi või kirsimahl
- 6 untsi pkg. poolmagusad šokolaaditükid
- Valikuline: vahustatud kate

JUHISED:
a) Pane 2 purki pirukatäidist külmkappi, kuni see on jahtunud. Kasutades madalal kiirusel töötavat elektrimikserit, klopi ülejäänud pirukatäidis, koogisegu, õli, munad ja brändi või kirsimahl ühtlaseks seguks.
b) Sega hulka šokolaaditükid.
c) Valage tainas kergelt määritud 13x9" küpsetuspannile. Küpseta 350 kraadi juures 25–30 minutit, kuni hambaork on puhtaks tunnistatud; chill. Enne serveerimist määri ühtlaselt peale jahutatud pirukatäidis.
d) Lõika kangideks ja serveeri soovi korral vahustatud kattega. Serveerib 10-12.

33. Cherry Malt Bliss koogikesi

KOOSTISOSAD:
KOKKUKOGID:
- 3 ½ tassi universaalset jahu
- 1 ¼ tassi ülipeent tuhksuhkrut
- 3 tl küpsetuspulbrit
- ½ tl peent soola
- ½ tassi soolamata võid, pehmendatud
- 2 suurt muna
- ¾ tassi täispiima
- ⅔ tassi kirsimahla konservkirssidest
- ½ tassi taimeõli
- 2 spl kreeka jogurtit või hapukoort
- 1 tl vaniljeekstrakti või vaniljekauna pasta
- 250 g konserveeritud kirsse
- Šokolaadikaste
- Maraschino kirsid
- 2 tilka roosat toidugeeli
- 1 tilk lillat toidugeeli
- ½ tl kirsibrändi essentsi
- 4 spl linnasepulbrit

JÄRASTUS:
- 1 partii Fluffy Vanilla Buttercream glasuurit
- 2 tilka lillat toiduvärvi
- ½ tl kirsibrändi essentsi

JUHISED:
KOKKUKOGID:
a) Kuumuta ahi 160°C (320°F) või 180°C (356°F) tavalise ahju puhul. Vooderda koogivorm koogivooderdistega.
b) Segage labakinnitusega segisti kausis kuivained (jahu, tuhksuhkur, küpsetuspulber ja sool) ning segage madalal kiirusel.
c) Vahusta eraldi suures kannus kirsimahl, piim, munad, jogurt, õli ja vaniljeekstrakt, kuni need on hästi segunenud.
d) Lisage märjad koostisosad järk-järgult kuivadele koostisosadele aeglase ja ühtlase joana segades, kuni kuivaine pole näha. Kraapige kauss maha.

e) Lisa taignale kirsibrändi essents, roosa ja lilla toiduvärv ning linnasepulber ning sega veel 20 sekundit.
f) Asetage iga koogivoodri põhja 4 kirsi, seejärel kühveldage tainas vooderdistesse, täites need umbes ¾ ulatuses.
g) Küpseta 20-25 minutit või kuni keskele torgatud hambaork tuleb puhtana välja. Enne külmutamist laske koogikestel traatjahutusrestil täielikult jahtuda.

JÄRASTUS:
h) Valmistage partii Fluffy Vanilla Buttercream glasuurit.
i) Lisage glasuurile nii toiduvärvid kui ka kirsibrändi essents ja segage, kuni see on hästi segunenud.

KOOSTAMINE:
j) Paigaldage lahtise tähtotsaga torukotti ots ja külmutage kõik koogikesi keerises.
k) Nirista glasuurile šokolaadikastet.
l) Külmutage toruotsa abil veel üks keeris peal.
m) Kata iga koogikesi maraschino kirsiga.

34. Cherry Pinwheel Shortcakes

KOOSTISOSAD:

- 2 tassi universaalset jahu
- ¼ tassi granuleeritud suhkrut
- 1 spl küpsetuspulbrit
- ½ tl soola
- ½ tassi külma soolamata võid, tükeldatud
- ½ tassi piima
- 2 tassi värskeid kirsse, kivideta ja poolitatud
- ¼ tassi granuleeritud suhkrut (kirsside jaoks)
- Serveerimiseks vahukoor või vanillijäätis

JUHISED:

a) Kuumuta ahi temperatuurini 425 °F (220 °C).
b) Vahusta suures kausis jahu, suhkur, küpsetuspulber ja sool.
c) Lisa külm või jahusegule ja lõika kondiitrilõikuri või näppudega kuni segu meenutab jämedat puru.
d) Vala juurde piim ja sega, kuni tainas kokku tuleb.
e) Tõsta tainas kergelt jahusele pinnale ja sõtku seda õrnalt paar korda. Rulli tainas umbes ¼ tolli paksuseks ristkülikukujuliseks.
f) Viska kausis kirsid ¼ tassi suhkruga, kuni need on kaetud.
g) Laota kirsid ühtlaselt taignale. Rulli tainas ühest pikast servast alustades tihedalt rulli, et tekiks rattakuju.
h) Lõika rullitud tainas üksikuteks kookideks ja aseta need küpsetuspaberiga kaetud ahjuplaadile.
i) Küpseta 12-15 minutit või kuni need on kuldpruunid ja kirsid on kihisevad.
j) Enne serveerimist lase kookidel veidi jahtuda. Serveeri vahukoore või vaniljejäätisega.

35.Kirsi kinoa baar

KOOSTISOSAD:
- Mittenakkuv toiduvalmistamissprei
- 2 supilusikatäit kiiresti küpsevat kaera
- 2 spl keedetud kinoat
- 2 supilusikatäit peeneks hakitud pistaatsiapähklit
- 2 spl magustatud kuivatatud kirsse
- 2 spl taimeõli
- 2 supilusikatäit mett
- ¼ teelusikatäit koššersoola

JUHISED:
a) Pihustage 12-untsise kruusi sisemust toiduvalmistamispihustiga.
b) Segage kõik koostisosad kausis ja valage seejärel kruusi.
c) Katke ja küpseta mikrolaineahjus, kuni kaer on keedetud, umbes 3 minutit.
d) Valage kuum segu pärgamenditükile, vormides sellest ristkülikukujuline või kitsas traditsiooniline kangi.
e) Jahutage, kuni see on külm ja tahke, 30 minutit või rohkem.

36. Tume šokolaadi kirsi kobarad

KOOSTISOSAD:
- 1 tass kreemjat pähklivõid (nt mandlivõi, india pähklivõi)
- ¼ tassi mett või vahtrasiirupit
- ¼ tassi sulatatud kookosõli
- 2 tassi valtsitud kaera
- ½ tassi kuivatatud kirsse
- ½ tassi tumeda šokolaadi laastud

JUHISED:
a) Sega kausis pähklivõi, mesi (või vahtrasiirup) ja sulatatud kookosõli, kuni see on hästi segunenud.
b) Sega hulka valtsitud kaer, kuivatatud kirsid ja tume šokolaaditükid.
c) Tõsta lusikatäied segu vooderdatud ahjuplaadile või minimuffinivormidesse.
d) Tõsta vähemalt 1 tunniks külmkappi tahenema.

37.Kirsi rummi pallid

KOOSTISOSAD:
- 2 tassi purustatud vanilje vahvliküpsiseid
- 1 tass tuhksuhkrut
- 1 tass hakitud kreeka pähkleid
- 1 tass kuivatatud kirsse, tükeldatud
- 2 spl kakaopulbrit
- ¼ tassi rummi
- 2 spl kerget maisisiirupit
- Täiendav tuhksuhkur rullimiseks

JUHISED:
a) Segage suures segamiskausis purustatud vanilje vahvliküpsised, tuhksuhkur, hakitud kreeka pähklid, kuivatatud kirsid ja kakaopulber.
b) Lisage segule rumm ja hele maisisiirup ning segage hästi, kuni kõik on põhjalikult segunenud.
c) Võtke segust väikesed portsjonid ja rullige need kätega 1-tollisteks pallideks.
d) Veereta pallikesi tuhksuhkrus, et need ühtlaselt kattuksid.
e) Aseta rummipallid küpsetuspaberiga kaetud ahjuplaadile.
f) Pane rummipallid külmkappi vähemalt 2 tunniks või kuni need on tahked.
g) Pärast jahutamist ja tardumist viige rummipallid säilitamiseks õhukindlasse anumasse. Neid säilib külmkapis kuni 2 nädalat.

38.Tume šokolaadiga kaetud kirsid

KOOSTISOSAD:
- 40 untsi varrega maraschino kirsse, nõrutatud
- 1 ¾ tassi maitsestatud rummi enam-vähem, et katta kirsid
- 1 ½ tassi tumedat šokolaadi
- 1 tl lühendamist valikuline, ei pruugi olla vajalik
- ½ tassi lihvimissuhkrut

JUHISED:
a) Nõruta kirsid, jättes mahla muuks otstarbeks. Selles retseptis seda ei kasutata, kuid see sobib suurepäraselt kokteilide ja muu jaoks.
b) Asetage kirsid kvartisuurusesse masonpurki või muusse anumasse. Kata täielikult maitsestatud rummiga. Sulgege ja hoidke külmkapis vähemalt 24 tundi, kuni 72 tundi. Mida kauem kirsid rummis istuvad, seda tugevam on nende maitse.
c) Järgmisena nõruta rummiga leotatud kirsid. Hoidke seda kirssidega infundeeritud rummi. See on NII hea kokteilide jaoks. Aseta kirsid 10 minutiks paberrätikute kihtidele. See samm tagab, et šokolaadikate kleepub puuvilja külge.
d) Vooderda kandik või vaagen küpsetuspaberiga. Asetage dekoratiivne suhkur madalasse nõusse või kaussi.
e) Sulata tume šokolaad vastavalt pakendi juhistele. Kasutage väikest kaussi, mis on kirsside kastmiseks piisavalt sügav.
f) Kui šokolaad on liiga paks, sega juurde umbes teelusikatäis šokolaadi, kuni see sulab ja šokolaad on ühtlane.
g) Kuni šokolaad on soe, kasta kirsid ükshaaval. Kasta esmalt šokolaadi ja seejärel suhkrusse.
h) Asetage kastetud kirsid ettevalmistatud pärgamendile. Kui olete kõik kirsid kastnud, jahutage, kuni need on hangunud.

39. Kirsi Käive

KOOSTISOSAD:
- 17¼ untsi külmutatud lehttaigna pakend sulatatud
- 21-untsi purk kirsipirukatäidist, nõrutatud
- 1 tass tuhksuhkrut
- 2 supilusikatäit vett

JUHISED:
a) Eralda lehttaignalehed ja lõika igaüks 4 ruuduks.
b) Jaga pirukatäidis võrdselt ruutude vahel.
c) Pintselda tainaservad veega ja murra diagonaalselt pooleks.
d) Tihenda ja suru servad kahvliga kokku. Tehke noaga pöörete tippudesse õhutustamiseks väike pilu.
e) Küpseta määrimata ahjuplaadil 400 kraadi juures 15–18 minutit, kuni see on paisunud ja kuldne. Lase veidi jahtuda.
f) Sega tuhksuhkur ja vesi; tibutama soojade käikude peale.

40.Rummi-kirsi fritüürid

KOOSTISOSAD:
- ½ tassi universaalset jahu
- 2 spl kondiitri suhkrut
- ¼ teelusikatäit soola
- 1 nael varrega kirsid
- Kondiitri suhkur
- 2 muna; eraldatud
- 2 supilusikatäit rummi
- ½ tassi puhastatud võid
- ½ tassi taimeõli

JUHISED:
a) Sega keskmises kausis ühtlaseks taignaks jahu, munakollased, 2 supilusikatäit kondiitri suhkrut, rumm ja sool.
b) Katke ja laske 1 kuni 2 tundi seista.
c) Vahusta munavalged kõvaks vahuks ja sega taigna hulka.
d) Kuumutage või ja taimeõli suurel praepannil temperatuurini 360 kraadi F, seejärel keerake kuumus madalaks.
e) Kasta kirsid taignasse ja tõsta kuuma õli sisse
f) Prae 3 minutit või kuni need on kuldpruunid
g) Eemaldage kirsid.
h) Kasta need kondiitri suhkrusse ja serveeri.

41. Kirsi popkorn

KOOSTISOSAD:
- 2½ neljandikku õhuga popkorni Võimaitseline sprei
- 1 pakk kirsimaitselist želatiini

JUHISED:
a) Pange popkorn väga suurde kaussi ja piserdage kergelt võimaitselise õliga.
b) Puista peale želatiin. Pane viieks minutiks 350-kraadisesse ahju.
c) Želatiin lahustub veidi ja jääb popkorni külge.

42. Cherry Trail Mix

KOOSTISOSAD:
- 1 tass tumeda šokolaadi laastud
- 1 tass kuivatatud jõhvikaid
- 1 tass kuivatatud kirsse
- 1 tass röstitud soolatud maapähkleid
- 1 tass terveid soolatud mandleid
- 1 tass soolatud röstitud india pähkleid tervena, mitte tükkidena
- 1 tass sarapuupähkleid, mida nimetatakse ka filbertiks

JUHISED:
a) Sega suures segamiskausis kõik koostisosad kokku ja sega ühtlaseks segunemiseni.
b) Hoidke jäljesegu õhukindlas anumas kuni üks kuu.

43. Cherry Cream Puffs

KOOSTISOSAD:
- ½ tassi piima
- ½ tassi vett
- ½ tassi võid
- 1 tass universaalset jahu
- 5 muna
- 5 tassi külmutatud, magustamata, kivideta, hapukad punased kirsid, sulatatud
- Vesi
- 1 tass suhkrut
- ¼ tassi maisitärklist
- ¼ tassi kirši (musta kirsi liköör) või apelsinimahla
- 3 tilka punast toiduvärvi
- 1 supilusikatäis vanilli
- 2 untsi poolmagusat šokolaadi, sulatatud ja jahutatud
- 1 tass vahukoort, vahustatud

JUHISED:

a) Koorepahviks segage keskmises kastrulis piim, vesi ja või. Kuumuta keemiseni. Lisage intensiivselt segades korraga universaalne jahu. Küpseta ja sega, kuni segust moodustub pall, mis ei eraldu. Tõsta kastrul tulelt. Jahuta kooresegu 5 minutit. Lisa ükshaaval munad, iga lisamise järel puulusikaga ühtlaseks kloppides.

b) Tõsta tainas supilusikatäit kuhjades võiga määritud ahjuplaadile kokku 12 koorepahviks.

c) Küpseta 400-kraadises F ahjus umbes 30 minutit või kuni see on kuldne. Jahedad pahvid restil. Lõigake lehed pooleks ja eemaldage seest pehme tainas.

d) Vahepeal aseta kirsitäidise jaoks sulatatud kirsid sõelale 2-tassise mõõtetopsi kohale; kurna kirsid, jättes alles kirsimahla. Lisage reserveeritud kirsimahlale piisavalt vett, et saada 2 tassi vedelikku; tõsta kirsid kõrvale.

e) Segage suures kastrulis suhkur ja maisitärklis. Sega hulka kirsimahla segu, kirss ja punane toiduvärv. Küpseta ja sega keskmisel kuumusel kuni paksenemiseni ja mullimiseni. Keeda ja sega veel 2 minutit. Eemaldage kuumusest; sega juurde vanill ja kirsid. Katke ja jahutage umbes 2 tundi või kuni see on täielikult jahtunud.

f) Kokkupanemiseks lusikaga paisutab kirsitäidist. Nirista pahvid sulašokolaadiga üle. Serveeri vahukoorega.

44. Cherry Brownie Bites

KOOSTISOSAD:
- ½ tassi soolamata võid
- 3 untsi poolmagusat šokolaadi, tükeldatud
- 1 tass granuleeritud suhkrut
- ¼ tassi kakaopulbrit
- 2 muna
- 1 tl vaniljeekstrakti
- ½ tassi universaalset jahu
- ½ teelusikatäit soola
- ¾ tassi kirsipiruka täidist
- ⅓ tassi 35% vahukoort
- 2 spl tuhksuhkrut

JUHISED:
a) Kuumuta ahi temperatuurini 350 °F (180 °C).
b) Määri 24-mini muffinipann ja puista kakaopulbriga; kõrvale panema.
c) Sulata või ja šokolaad kuumakindlas kausis, mis asetatakse vaevu keeva vee kohale, aeg-ajalt segades. Eemaldage kuumusest. Sega juurde suhkur ja kakaopulber. Jahutage veidi.
d) Sega munad ükshaaval šokolaadisegu hulka, kuni see on hästi segunenud. Sega juurde vanill. Eraldi kausis vahusta jahu ja sool ühtlaseks seguks. Sega šokolaadisegu hulka.
e) Tõsta lusikaga ühtlaselt ettevalmistatud pannile. Küpseta 18–20 minutit või seni, kuni pruunika keskele torkamisel jäävad hambaorki külge vaid mõned niisked puru.
f) Lase pannil täielikult jahtuda. Eemalda pannilt. Serveerimiseks vahusta koor ja tuhksuhkur elektriliste visplitega tugevaks vahuks. Kata kumbki ühtlaselt vahukoore ja ülejäänud kirsipirukatäidisega. Serveeri kohe.

45. kirsiveini -riisi maiused

KOOSTISOSAD:
- 3 supilusikatäit võid
- 4 tassi mini-vahukommi
- ½ tassi Pennsylvania kirsiveini
- 5 tassi paisutatud riisiterahelbeid
- ½ tassi hakitud kuivatatud kirsse
- ¼ tassi poolmagusaid šokolaaditükke

JUHISED:
a) Vooderda ahjuplaat küpsetuspaberiga. Piserdage toiduõliga.
b) Keskmises kastrulis keskmisel kuumusel sulatage või. Lisa vahukommid ja sega kuni sulamiseni.
c) Eemaldage tulelt ja lisage vein ja teraviljad. Sega, kuni see on lihtsalt segunenud ja vahukomm on jaotatud.
d) Lisa kuivatatud kirsid ja šokolaaditükid ning sega, kuni see on täielikult segunenud. Vala ettevalmistatud lehtpannile, kata küpsetuspaberiga ja jahuta. Viiluta ja serveeri.

46.Kirsi energiapallid

KOOSTISOSAD:
- 200 g kivideta datleid
- 1 tass jahvatatud mandleid
- ¾ tassi kuivatatud kookospähklit
- ½ tassi valtsitud kaera
- 2 spl kakaopulbrit
- 2 spl kookosõli
- 1 spl vahtrasiirupit
- 20g terveid külmkuivatatud kirsse, murendatud

JUHISED:
a) Kuumuta täis veekeetja keemiseni
b) Aseta datlid keskmiselt kuumakindlasse kaussi ja kata keeva veega. Jäta umbes 10 minutiks, kuni hakkab pehmenema. Nõruta hästi.
c) Sega jahvatatud mandlid, kuivatatud kookospähkel, valtsitud kaer ja kakaopulber segistis leotatud datlite, kookosõli ja vahtrasiirupiga. Blenderda 2-3 minutit, kuni see on ühtlane.
d) Veereta segu puhaste niiskete kätega supilusikasuurusteks pallideks ja aseta taldrikule/alusele. Asetage umbes 30 minutiks külmkappi tahenema.
e) Purusta puhaste ja kuivade kätega külmkuivatatud kirsid taldrikule. Veereta kirsipurustikus kergelt energiapalle.

47. Kirsiküpsised

KOOSTISOSAD:

- 2 ¼ tassi universaalset jahu
- ½ tassi Hollandi protsessi kakaopulbrit
- ½ tl Küpsetuspulbrit
- ½ tl Söögisoodat
- 1 tl Sool
- 1 tass soolata võid sulatatud ja jahutatud
- ¾ tassi pruuni suhkrut, pakitud heledaks või tumedaks
- ¾ tassi valget granuleeritud suhkrut
- 1 tl puhast vaniljeekstrakti
- 2 suurt muna toatemperatuuril
- 1 tass valge šokolaadi laastud
- ½ tassi poolmagusaid šokolaaditükke
- 1 tass Värsked kirsid Pestud, kividest eemaldatud ja neljaks lõigatud

JUHISED:

a) Sulata või mikrolaineahjus ja lase 10-15 minutit jahtuda, kuni see on toatemperatuuril. Valmistage kirsid ja lõigake need väikesteks neljandikku.
b) 1 tass soolata võid, 1 tass värskeid kirsse
c) Kuumuta ahi 350 ° F-ni. Vooderda kaks küpsiselehte küpsetuspaberiga. Kõrvale panema.
d) Sega keskmises kausis jahu, kakaopulber, küpsetuspulber, sooda ja sool. Kõrvale panema.
e) 2 ¼ tassi universaalset jahu, ½ tassi magustamata kakaopulbrit, ½ tl küpsetuspulbrit, ½ tl söögisoodat, 1 tl soola
f) Suures kausis lisage sulatatud või, fariinsuhkur, suhkur, vanill ja munad. Kasutage kummist spaatlit, et segada ühtlaseks.
g) 1 tass soolata võid, ¾ tassi pruuni suhkrut, ¾ tassi valget granuleeritud suhkrut, 1 tl puhast vaniljeekstrakti, 2 suurt muna
h) Lisa kuivained ja sega ühtlaseks. Sellest tuleb pehme tainas. Lisa valge šokolaadi laastud, šokolaaditükid ja värsked kirsid.
i) 1 tass valge šokolaadi laastud, ½ tassi poolmagusaid šokolaaditükke, 1 tass värskeid kirsse

j) Kasutage taigna kühveldamiseks suurt küpsiselussi (3-untsi küpsiselussi). Asetage 6 küpsise taignapalli ühele küpsiseplaadile.
k) Küpseta üks küpsiseleht korraga. Küpseta 13-15 minutit. Kui see on soe, pange peale täiendavad šokolaaditükid ja valge šokolaadi laastud.
l) Lase küpsisel kuumal pannil 10 minutit seista. Seejärel tõsta jahutusrestile jahtuma.

48.kirsiveini -riisi maiused

KOOSTISOSAD:
- 3 supilusikatäit võid
- 4 tassi mini-vahukommi
- ½ tassi Pennsylvania kirsiveini
- 5 tassi paisutatud riisiterahelbeid
- ½ tassi hakitud kuivatatud kirsse
- ¼ tassi poolmagusaid šokolaaditükke

JUHISED:
a) Vooderda ahjuplaat küpsetuspaberiga. Piserdage toiduõliga.
b) Keskmises kastrulis keskmisel kuumusel sulatage või. Lisa vahukommid ja sega kuni sulamiseni.
c) Eemaldage tulelt ja lisage vein ja teraviljad. Sega, kuni see on lihtsalt segunenud ja vahukomm on jaotatud.
d) Lisa kuivatatud kirsid ja šokolaaditükid ning sega, kuni see on täielikult segunenud. Vala ettevalmistatud lehtpannile, kata küpsetuspaberiga ja jahuta. Viiluta ja serveeri.

MAGUSTOIT

49.Kirsi-juustukook punase peegelglasuuriga

KOOSTISOSAD:
JUUSTUKOOGI JAOKS:
- 150 g kivideta kirsse, lisaks veel üks terve kirss kaunistuseks
- ½ sidruni mahl
- 150 g tuhksuhkrut
- 300g valget šokolaadi tükkideks purustatuna
- 600 g Philadelphia toorjuustu toatemperatuuril
- 300 ml koort, toatemperatuuril
- 1 tl vaniljeekstrakti

ALUSELE:
- 75g soolata võid, sulatatud, lisaks määrimiseks
- 175 g digestive küpsiseid

GLASUURI KOHTA:
- 4 lehte plaatina želatiini (Dr. Oetker)
- 225 g tuhksuhkrut
- 175 ml topeltkoort
- 100 g valget šokolaadi, peeneks hakitud
- 1 tl punast toiduvärvi geeli

JUHISED:
JUUSTUKOOGI VALMISTAMINE:
a) Määri 20 cm vedruga vormi põhi ja küljed kergelt õliga. Keera põhi lahti ja aseta sellele 30 cm laiune ring küpsetuspaberist.
b) Kinnitage vooderdatud põhi uuesti vormi, tagades, et liigne paber jääks selle alt üle, et serveerida oleks lihtne. Vooderda küljed küpsetuspaberi ribaga.
c) Sega köögikombainis kirsid, sidrunimahl ja 75 g tuhksuhkrut.
d) Blenderda üsna ühtlaseks. Tõsta segu keskmisesse kastrulisse, lase keema tõusta, seejärel alanda kuumust ja hauta 4–5 minutit, kuni see on paksenenud ja siirupine. Laske sellel täielikult jahtuda.

ALUSE LOOMINE:
e) Purusta digestive küpsised puhtas köögikombaini kausis kuni need meenutavad peent riivsaia. Tõsta segamisnõusse ja sega hulka sulatatud või.
f) Suru segu ettevalmistatud vormi, et tekiks kindel ühtlane põhi. Tõsta vähemalt 20 minutiks külmkappi.

JUUSTUSTOOGI TÄIDISE VALMISTAMINE:
g) Sulata valge šokolaad kuumakindlas kausis keeva vee kohal. Tõsta kõrvale jahtuma toatemperatuurini, kuni see on veel valatav.
h) Vahusta toorjuust suures segamiskausis ühtlaseks. Lisa koor, ülejäänud tuhksuhkur ja vaniljeekstrakt. Vahusta kuni veidi pakseneb. Voldi hulka jahtunud valge šokolaad.
i) Vala pool toorjuustusegust jahtunud põhjale. Tõsta lusikaga peale kirsimoos ja keeruta vardaga täidisesse. Vala järelejäänud toorjuustusegu moosile, tagades, et pealispind on ühtlane. Õhumullide eemaldamiseks koputage vormi ja jahutage vähemalt 4 tundi, kuni see on hangunud.

PEEGELGLAASI VALMISTAMINE:
j) Leota želatiinilehti mõni minut kausis külmas vees.
k) Sega kastrulis suhkur ja 120 ml värskelt keedetud vett. Kuumuta tasasel tulel segades, kuni suhkur lahustub. Kuumuta keemiseni ja keeda 2 minutit. Sega juurde koor ja hauta veel 2 minutit. Tõsta tulelt, pigista leotatud želatiinilehtedest välja liigne vesi ja lisa need kreemile, sega kuni lahustumiseni.
l) Lase kooresegul 4-5 minutit jahtuda. Sega hulka valge šokolaad. Lisage punane toiduvärvigeel ja segage, kuni see on hästi segunenud.
m) Kurna glasuur läbi sõela suurde kaussi. Laske sellel 15-20 minutit jahtuda, kuni see on toatemperatuuril, aeg-ajalt segades, et vältida naha moodustumist. Glasuur peaks olema topeltkreemi konsistentsiga.

JUUSTUKOOGI GLASSERIMINE:
n) Eemaldage juustukook ettevaatlikult vormist, eemaldage küpsetuspaber ja asetage see restile, mille all on plaat. Laske kuuma palettnoaga üle pinna tasandamiseks, seejärel valage sellele kaks kolmandikku jahtunud glasuurist, et see täielikult kataks. Tõsta 10 minutiks külmkappi tahenema.
o) Vajadusel soojendage järelejäänud glasuur ja sõeluge see uuesti enne juustukoogile teise kihi pealekandmist. Tõsta peale kirss ja pane 5-10 minutiks külmkappi tahenema. Serveeri otse restilt või tõsta taldrikule, kasutades palettnoa või torditõstjat. Nautige!

50. Kirsi-sarapuupähkli krõmpsupirukas

KOOSTISOSAD:
- ½ pakki (10 untsi) pirukakoore segu
- ¼ tassi pakitud helepruuni suhkrut
- ¾ tassi röstitud sarapuupähkleid, hakitud
- 1 unts poolmagus šokolaad riivitud
- 4 teelusikatäit vett
- 1 tl vanilli
- 8 untsi punaseid maraschino kirsse
- 2 tl maisitärklist
- ¼ tassi vett
- 1 kriips soola
- 1 spl Kirsch (valikuline)
- 1 liitrit vaniljejäätist

JUHISED:

a) Kombineeri (½ pakendis) kondiitripulberi segu suhkru, pähklite ja šokolaadiga. Sega vesi vaniljega.
b) Puista peale purusegu ja sega, kuni see on hästi segunenud. Muutke hästi määritud 9-tolliseks pirukaplaadiks; suru segu tugevalt vastu põhja ja külge.
c) Küpseta 375 kraadises ahjus 15 minutit. Jahuta restil.
d) Katke ja laske seista mitu tundi või üleöö. Nõruta kirsid, säilitades siirupi. Haki kirsid jämedalt.
e) Segage siirup kastrulis maisitärklise, ¼ tassi vee ja soolaga; lisa kirsid. Küpseta madalal kuumusel selgeks. Eemaldage kuumusest ja jahutage hoolikalt.
f) Lisa Kirsch ja jahuta. Tõsta lusikaga pirukakoore sisse jäätis. Vala pirukale kirsiglasuur ja serveeri kohe.

51. Kirsi, rabarberi ja meloni salat

KOOSTISOSAD:
- 400 grammi tükkideks lõigatud rabarberit
- 150 ml granuleeritud suhkrut
- 150 ml valget veini
- 500 grammi erinevat tüüpi melonit, vormitud pallideks
- 200g värskeid kirsse, poolitatud, kivid eemaldatud
- 120 g vaarikaid
- Värsked piparmündilehed
- Sidrunipulgad (serveerimiseks)

JUHISED:
a) Sega potis rabarberitükid granuleeritud suhkru ja valge veiniga. Kuumuta segu tasasel tulel, lase rabarberil õrnalt pehmeneda ja sulada.
b) Tõsta kastrul tulelt ja lase rabarberisegul jahtuda. Jahuta see külmikusse.
c) Rabarberisegu jahtumise ajal valmista melon, vormides sellest pallikesed või lõigates hammustusesuurusteks tükkideks.
d) Kui rabarberisegu on jahtunud, lisa kastrulisse valmis melon, vaarikad, kirsid ja peeneks hakitud piparmündilehed.
e) Sega kõik õrnalt läbi.
f) Tõsta salat tagasi külmkappi ja lase paar tundi külmas seista, et maitsed sulaksid.
g) Serveerimiseks jagage salat väikestesse kaussidesse ja kaunistage iga portsjon värskete piparmündilehtedega.
h) Serveeri rabarberi-melonisalatit koos sidrunipulkadega, et saada värsket maitset.
i) Nautige seda veetlevat ja värskendavat rabarberi-melonisalatit!

52. Kirsi ja mustika Amaretto jäätis

KOOSTISOSAD:
- 2 spl suhkrut
- 2 supilusikatäit Amarettot
- 2 ½ tassi värskeid Bingi kirsse, kivideta
- ½ tassi värskeid mustikaid
- 2 spl maisitärklist
- 2 tassi poolteist, jagatud
- ⅔ tassi suhkrut
- 1 supilusikatäis Amarettot
- ¼ teelusikatäis soola

JUHISED:
a) Sega keskmises kausis suhkur, Amaretto, kirsid ja mustikad. Lase seista 30–45 minutit, aeg-ajalt viskades. Lisage puuviljad koos mahlaga keskmisesse kastrulisse ja küpseta keskmisel kuumusel, sageli segades, kuni need on pehmenenud, umbes 15 minutit. Laske puuviljadel veidi jahtuda, lisa seejärel köögikombaini ja püreesta peaaegu ühtlaseks, jättes veidi tekstuuri. Tõsta kõrvale ⅓ tassi puuviljasegu jäätiseks keerutamiseks; tagasi ülejäänud puuviljasegu kastrulisse.

b) Klopi väikeses kausis kokku maisitärklis ja 3 supilusikatäit poolteist; kõrvale panema. Lisa ülejäänud pool ja pool, suhkur, Amaretto ja sool puuviljaseguga kastrulisse; lase keskmisel-kõrgel kuumusel pidevalt vispeldades keema. Klopi sisse maisitärklisesegu. Laske uuesti keema tõusta ja keetke veel 1–2 minutit, segades kuni paksenemiseni. Eemaldage kuumusest ja jahutage toatemperatuurini, seejärel katke kaanega ja jahutage 6 tundi külmkapis.

c) Valage jahutatud jäätisesegu jäätisemasina külmutatud silindrisse; külmutada vastavalt tootja juhistele. Tõsta pool jäätisesegust lusikaga sügavkülmakindlasse anumasse, vala peale puuviljasegu tükid ja korda. Keera kihid puuvardaga kokku. Külmuta segu üleöö kuni tahkeks.

53.Cherry piimapuru

KOOSTISOSAD:
- 1 portsjon piimapuru
- ½ tassi külmkuivatatud kirsipulbrit
- ¼ tassi külmkuivatatud mustikapulbrit
- 0½ g koššersoola [⅛ teelusikatäit]

JUHISED:
a) Viska piimapuru marjapulbrite ja soolaga keskmises kausis, kuni kõik puru on ühtlaselt punase ja sinise täpiline ning kaetud marjapulbriga.
b) Puru säilib õhukindlas anumas külmkapis või sügavkülmas kuni 1 kuu.

54. Kirsi parfee

KOOSTISOSAD:
- 3 untsi Neufchateli toorjuustu
- 2 tassi külma lõssi
- 3 untsi pakend Jell-O suhkruvaba kiiršokolaadipudingut
- 1 supilusikatäis maisitärklist
- ⅓ tassi kirsimahla
- 1 purk Punased hapud kivideta kirsid
- 1 nael vett
- 6 pakki Võrdne magusaine

JUHISED:
a) Sega toorjuust ¼ tassi piimaga elektrimikseri madalal kiirusel ühtlaseks massiks. Lisa ülejäänud piim ja pudingi segu. Segage 1 või 2 minutit või kuni segu on ühtlane.
b) Sega maisitärklist kirsimahlas kuni lahustumiseni. Lisa kirssidele ja küpseta keemiseni 1 minut.
c) Tõsta tulelt ja sega hulka Equal.
d) Vaheldumisi lusikaga pudingut ja kirsse parfeeroogadesse, lõpetades pudinguga. Kaunista 2 kirsiga.

55. Cherry Cream Dacquoise

KOOSTISOSAD:

DAKKIISI KOHTA:
- 180 g (1½ tassi) tuhksuhkrut
- 160 g (1⅔ tassi) mandlijahu
- 6 suurt munavalget
- Näputäis soola
- ½ tl koort hambakivi
- 60 g (¼ tassi) tuhksuhkrut

TÄIDISEKS:
- 200 g (6 untsi) värskeid või külmutatud ja sulatatud, kivideta tumedaid kirsse
- 120 g (½ tassi) tuhksuhkrut
- ¾ tassi vett
- 1 tl sidrunimahla
- 500 ml (2 tassi) topeltkoort

KATTEKS:
- 30 g (1 unts) tumedat šokolaadi
- Tuhksuhkur

JUHISED:

a) Esiteks valmistage dacquoise: eelsoojendage ahi 130 °C-ni (võimalusel ventilaator) / 250 °F/gaas ½. Määri oma suurima küpsetusplaadi alumine külg võiga ja kleebi sellele pärgamendileht.

b) Joonistage pärgamendile kolm ringi, igaüks 20 cm läbimõõduga. Võite kasutada ka eelnevalt lõigatud pärgamendiringe. Kui kolm ringi ei mahu, kasutage kahte alust.

c) Sega kausis tuhksuhkur ja mandlijahu. Vahusta munavalged näpuotsatäie soolaga vahuks, lisa hambakivi ja vahusta pehmeks vahuks. Lisa tuhksuhkur kolme-nelja portsjonina, pidevalt vahustades, kuni saad pehme besee.

d) Vala mandlisuhkrusegu besee peale ja voldi spaatliga kokku. Viige segu suure tavalise otsikuga torukotti või sügavkülmakotti ja lõigake 1½ cm nurk.

e) Tõsta segu märgitud ringidele, alustades spiraalikujuliselt nende keskelt. Tõsta ahju ja küpseta 1 tund 30 minutit. Kui teil on kaks plaati, vahetage need poole peal, et tagada ühtlane küpsetamine. Lülitage ahi välja ja jätke dacquoise sees veel 1 tund 30 minutiks või üleöö. Koori pärgament ära.

f) Küpsemise ajal valmistage kirsid: asetage need suurde kastrulisse koos suhkru, vee ja sidrunimahlaga ning laske keema tõusta. Hoidke neid 30 minutit tugevalt keemas; segage keetmise lõpuks ettevaatlikult, et kontrollida, kas kirsid ei jää põhja. Tõsta pann tulelt ja jahuta.

g) Vahusta koor pehmeks vahuks. Murra sisse lusikaga kurnatud kirsid, jättes kaunistuseks mitu (siirupit võib kasutada jookide sees või jäätise peal).

h) Aseta üks dacquoise ketas koogivaagnale või alusele, lame pool allpool.

i) Määri pool kirsikreemist ja kata teise kettaga, lame pool üleval.

j) Määri peale ülejäänud kreem ja kata viimase kettaga (varu selleks kõige korralikum). Puista üle tuhksuhkruga ja kaunista kirssidega.

k) Sulata tume šokolaad madalal võimsusel basseinis või mikrolaineahjus. Nirista see kahvli abil koogi peale.

l) Enne serveerimist jahutage külmkapis vähemalt 2 tundi, et kreem pehmendab veidi.

m) Külmkapis säilib see 2-3 päeva, kuid dacquoise-kihid pehmenevad veelgi.

56. Cappuccino mustikakrõps

KOOSTISOSAD:
- 4 tassi värskeid või külmutatud mustikaid
- 2 spl lahustuva kohvi graanuleid
- ½ tassi granuleeritud suhkrut
- 1 tass vanaaegset kaera
- ½ tassi universaalset jahu
- ½ tassi pakitud pruuni suhkrut
- ½ tassi soolata võid, külm ja kuubikuteks lõigatud
- ½ tl jahvatatud kaneeli
- Näputäis soola

JUHISED:
a) Kuumuta ahi temperatuurini 350 °F (175 °C) ja määri 9x9-tolline küpsetusvorm rasvaga.
b) Lahustage lahustuva kohvi graanulid 2 spl kuumas vees ja asetage kõrvale.
c) Sega suures kausis mustikad ja lahustunud kohvisegu. Viska mantlile.
d) Eraldi kausis segage granuleeritud suhkur, jahvatatud kaneel ja näputäis soola. Puista see segu mustikatele ja viska katteks.
e) Tõsta mustikasegu ettevalmistatud ahjuvormi.
f) Sega kausis vanamoodne kaer, universaalne jahu, fariinsuhkur ja külm kuubikvõi. Sega purutaoliseks.
g) Puista kaerasegu ühtlaselt mustikatele.
h) Küpseta 35–40 minutit või kuni kate on kuldpruun ja mustikad mullitavad.
i) Enne serveerimist lase veidi jahtuda. Naudi oma cappuccino mustikakrõpsu!

57. Kirss Bavarois

KOOSTISOSAD:
- 1 tass tumedat šokolaadi, sulatatud
- ½ tassi kirsimoosi
- 2 tl želatiini
- 3 spl külma vett
- 2 tassi rasket koort, vahustatud
- Kaunistuseks vahukoor ja maraschino kirsid

JUHISED:
a) Lahusta želatiin külmas vees ja lase paar minutit õitseda.
b) Sega kastrulis sulatatud tume šokolaad ja kirsimoos. Kuumuta madalal kuumusel, kuni segu on hästi segunenud.
c) Sega lahustunud želatiin šokolaadi-kirsisegu hulka.
d) Laske segul jahtuda toatemperatuurini.
e) Sega õrnalt sisse vahukoor.
f) Vala pool šokolaadi-kirsi segust serveerimisklaasidesse või -vormidesse.
g) Lisa nukk vahukoort ja maraschino kirss.
h) Tõsta peale ülejäänud šokolaadi-kirsi segu.
i) Hoia külmkapis vähemalt 4 tundi või kuni taheneb.

58. Tagurpidi kirsitort

KOOSTISOSAD:
TOPPING:
- ¼ tassi margariini
- ½ tassi suhkrut
- 2 tassi hapukirsse

KOOGI PORTSIOON:
- 1 ½ tassi jahu
- ½ tassi suhkrut
- 2 tl Küpsetuspulbrit
- ½ teelusikatäit soola
- 1 muna
- ½ tassi piima
- 3 supilusikatäit Lühendamine, sulatatud

JUHISED:
a) Kuumuta ahi temperatuurini 400 kraadi Fahrenheiti (200 kraadi Celsiuse järgi).
b) 9-tollisel pannil sulatage ¼ tassi margariini.
c) Lisa pannil sulanud margariinile ½ tassi suhkruga segatud hapukirsid, ajades need ühtlaselt laiali.
d) Koogiportsjoni valmistamiseks sega kausis jahu, ½ tassi suhkrut, küpsetuspulber ja sool.
e) Lisa kuivainetele lahtiklopitud muna, piim ja sulatatud koor, sega, kuni need on hästi segunenud.
f) Vala koogitainas ühtlaselt pannil olevatele kirssidele ja suhkrule.
g) Küpseta kooki eelsoojendatud ahjus umbes 30 minutit või kuni keskele torgatud hambaork tuleb puhtana välja.
h) KOHE peale küpsetamist kummuta kook serveerimistaldrikule, nii on kirsikate nüüd koogi peal.
i) Serveerige Cherry Upside-Down kooki soojalt ja nautige magusate kirsside ja õrna koogi veetlevaid maitseid!

59. Cherry Mand Pot de crème

KOOSTISOSAD:
- 2 tassi rasket koort
- ½ tassi granuleeritud suhkrut
- 6 suurt munakollast
- 1 tl mandli ekstrakti
- 1 tass värskeid kirsse, kivideta ja poolitatud
- Kaunistuseks viilutatud mandlid ja värsked kirsid

JUHISED:
a) Kuumuta potis koort ja suhkrut, kuni see hakkab podisema.
b) Sega juurde poolitatud värsked kirsid.
c) Eemaldage tulelt ja laske 15 minutit tõmmata.
d) Vahusta eraldi kausis munakollased ja mandli ekstrakt ühtlaseks massiks.
e) Valage kuum kirssiga rikastatud kooresegu aeglaselt munakollaste hulka, samal ajal pidevalt vahustades.
f) Valage segu eraldi kreemipottidesse ja hoidke enne serveerimist vähemalt 4 tundi külmkapis.
g) Enne serveerimist kaunista viilutatud mandlite ja värskete kirssidega.

60. Cherry Brownie pirukas

KOOSTISOSAD:
- 1 karp brownie segu (pluss vajalikud koostisosad)
- 1 purgi kirsipiruka täidis
- ½ tassi poolmagusaid šokolaaditükke
- Vahukoor, katteks

JUHISED:
a) Kuumuta ahi vastavalt brownie segu pakendi juhistele ja valmista brownie tainas vastavalt juhistele.
b) Määri pool brownie taignast ühtlaselt määritud või vooderdatud 9-tollise pirukavormi põhjale.
c) Vala kirsipirukatäidis brownie taignale.
d) Puista poolmagusad šokolaaditükid kirsipirukatäidisele.
e) Määri ülejäänud pool brownie taignast kirsipirukatäidise ja šokolaaditükkide peale.
f) Küpsetage vastavalt brownie segu pakendi juhistele, tavaliselt umbes 30-35 minutit.
g) Enne viilutamist laske brownie-pirukal täielikult jahtuda.
h) Serveeri koos vahukoorega.

61. Kirsi kingsepp

KOOSTISOSAD:
- ¼ tassi külmutatud kirsse
- 1 spl granuleeritud suhkrut
- 2 spl universaalset jahu
- 1 spl võid

JUHISED:
a) Segage mikrolaineahjus kasutatavas kruusis külmutatud kirsid, granuleeritud suhkur, universaalne jahu ja või.
b) Sega koostisained korralikult läbi, kuni kirsid on kaetud jahu-suhkru seguga.
c) Küpsetage kruusi suurel võimsusel mikrolaineahjus umbes 1-2 minutit või kuni kingsepp on küpsenud ja kirsid mullitavad. Täpne küpsetusaeg võib olenevalt teie mikrolaineahju võimsusest erineda, seega jälgige seda.
d) Eemaldage kruus ettevaatlikult mikrolaineahjust (see võib olla kuum) ja laske kingsepal enne serveerimist minut või paar jahtuda.
e) Saate nautida Cherry Cobbleri niisama, või serveerida seda vaniljejäätise või vahukooretükikese lisamisega.
f) Haara lusikas ja kaeva sooja ja puuviljase Cherry Cobbleri sisse!

62. Vanillikaste kook

KOOSTISOSAD:
- 2 tassi grahami kreekeripuru
- ½ tassi soolata võid, sulatatud
- 2 (8 untsi) pakki toorjuustu, pehmendatud
- 1 tass tuhksuhkrut
- 1 tl vaniljeekstrakti
- 1 tass koort, vahustatud
- 1 (21 untsi) purgi kirsipirukatäidis

JUHISED:
a) Sega keskmises kausis Grahami kreekeripuru ja sulatatud või. Sega, kuni puru on ühtlaselt võiga kaetud.
b) Suru purusegu 9-tollise vedruvormi põhja, luues ühtlase kihi. Aseta pann täidise valmistamise ajaks külmkappi jahtuma.
c) Vahusta toorjuust suures segamiskausis ühtlaseks ja kreemjaks vahuks.
d) Lisage toorjuustule tuhksuhkur ja vaniljeekstrakt ning jätkake vahustamist, kuni see on hästi segunenud.
e) Sega õrnalt sisse vahukoor.
f) Vala toorjuustusegu vedruvormi jahtunud koorikule ja aja ühtlaselt laiali.
g) Tõsta lusikaga kirsipirukatäidis toorjuustusegule, aja laiali, et tekiks kiht.
h) Kata pann kilega ja pane vähemalt 4 tunniks või üleöö külmkappi tahenema.
i) Kui see on tahenenud, eemaldage vedruvormi küljed ja viilutage kook serveerimiseks. Nautige maitsvat küpsetamiseta kirsikreemi kooki!

63. Sidrunikirsi pähklivaht

KOOSTISOSAD:
- ½ tassi terveid looduslikke mandleid
- 1 ümbrik maitsestamata želatiin
- 3 supilusikatäit sidrunimahla
- 1 tass granuleeritud suhkrut; jagatud
- 1 purk (12 untsi) aurutatud piima
- 1 purk (21 untsi) kirsipiruka täidis ja kate
- 2 tl riivitud sidrunikoort
- ¼ teelusikatäit mandli ekstrakti
- 4 munavalget

JUHISED:
a) Laota mandlid ühe kihina ahjuplaadile. Küpseta 350 kraadini kuumutatud ahjus 12-15 minutit, aeg-ajalt segades, kuni see on kergelt röstitud. Jahuta ja haki peeneks.
b) Piserdage želatiini väikeses paksus kastrulis 3 spl vett. Lase 2 minutit seista, kuni želatiin on vett imanud.
c) Segage sidrunimahla ja ½ tassi suhkrut; segage segu madalal kuumusel, kuni želatiin ja suhkur on täielikult lahustunud ning vedelik on selge.
d) Valage aurustunud piim suurde segamisnõusse; sega sisse kirsipirukatäidis, sidrunikoor ja mandliekstrakt. Sega hoolikalt läbi lahustunud želatiinisegu.
e) Jahuta, kuni segu on paks ja konsistentsilt pudingulaadne.
f) Vahusta munavalged heledaks ja vahuks. Järk-järgult lisage ülejäänud suhkur.
g) Jätka vahustamist, kuni moodustub jäik besee. Voldi besee kirsisegu hulka. Murra õrnalt sisse hakitud mandlid.
h) Tõsta lusikaga mousse 8 serveerimiskaussi. Enne serveerimist katke kaanega ja jahutage vähemalt 2 tundi või üleöö.

64. Kirsivaht

KOOSTISOSAD:
- 6 suurt muna, eraldatud
- ½ tassi suhkrut
- ¼ tassi pluss 2 supilusikatäit vett
- 3½ pinti rasket koort
- 3½ tassi hapukat või magusaid kirsse, püreestatud

JUHISED:
a) Asetage valged külmkappi ja munakollased suurde roostevabast terasest kaussi ja tõstke kõrvale.
b) Sega paksus kastrulis suhkur ja vesi. Segage kuni lahustumiseni ja asetage kõrgele tulele. Keeda 2–3 minutit. Kui suhkur on selge ja suhkur on täielikult lahustunud, eemaldage see tulelt ja vahustage kiiresti munakollaste hulka. Vahusta seda segu saumikseriga suurel kiirusel 5–8 minutit või kuni see muutub jäigaks ja läikivaks. Kõrvale panema.
c) Vahusta koor, kuni moodustuvad tugevad piigid ja tõsta kõrvale. Vahusta munavalged kõvaks vahuks ja tõsta kõrvale.
d) Lisa püreestatud kirsid munakollasesegule ja sega korralikult läbi. Sega hulka vahukoor ja seejärel munavalged. Valage eraldi serveerimisnõudesse või suurde kaussi ja pange kiiresti külmkappi vähemalt 2 tunniks, võimalusel kauemaks. Garneeringuna serveeri vahukoore või pähklitega.

65. Topeltkirss Semifreddo

KOOSTISOSAD:
- 1 tass värskeid kirsse, kivideta ja poolitatud
- 1 tass maraschino kirsse, nõrutatud ja poolitatud
- ½ tassi granuleeritud suhkrut
- 1 spl sidrunimahla
- 4 suurt muna, eraldatud
- ½ tassi granuleeritud suhkrut
- 1 tl vaniljeekstrakti
- 1 ½ tassi rasket koort
- ½ tassi mandlijahu (valikuline)
- Värsked piparmündilehed, kaunistuseks (valikuline)

JUHISED:
a) Sega kastrulis värsked kirsid, maraschino kirsid, granuleeritud suhkur ja sidrunimahl. Keeda keskmisel kuumusel aeg-ajalt segades, kuni kirssidest eraldub mahl ja suhkur on lahustunud. Selleks kulub umbes 10 minutit. Eemaldage kuumusest ja laske täielikult jahtuda.
b) Kui kirsisegu on jahtunud, tõsta see blenderisse või köögikombaini ja blenderda ühtlaseks massiks. Kõrvale panema.
c) Vahusta segamisnõus munakollased, granuleeritud suhkur ja vaniljeekstrakt paksuks ja kahvatuks.
d) Vahusta koor eraldi kausis, kuni moodustuvad pehmed tipud.
e) Sega vahukoor õrnalt munakollasesegu hulka, kuni see on hästi segunenud.
f) Soovi korral voldi sisse mandlijahu, et lisada semifreddole tekstuuri.
g) Vala pool semifreddo segust leivavormi või sügavkülmakindlasse anumasse.
h) Tõsta pool kirsipüreest pannil olevale semifreddo segule. Kasuta noa või vardast, et püree kooresegusse keerutada.
i) Vala ülejäänud pool semifreddo segust kirsiköörisele.
j) Tõsta lusikaga peale ülejäänud kirsipüree ja keeruta see kooresegu hulka.
k) Kata pann kilega ja pane sügavkülma vähemalt 6 tunniks või üleöö, kuni see on tahke.

l) Kui olete serveerimiseks valmis, eemaldage semifreddo sügavkülmast ja laske sellel mõni minut toatemperatuuril seista, et see veidi pehmeneks.
m) Soovi korral kaunista värskete piparmündilehtedega.
n) Viiluta semifreddo ja serveeri kohe.
o) Nautige veetlevat Double Cherry Semifreddot!

66. Hapukas Cherry Swirl kookosejäätis

KOOSTISOSAD:
- ¾ tassi pluss 2 supilusikatäit aurutatud roosuhkrut
- 1 (13½ untsi) purk täisrasvast kookospiima (mitte kerge)
- 1 tass piimavaba piima
- 1 tl vaniljeekstrakti
- ⅓ tassi kuivatatud hapukirsse, jämedalt hakitud
- ¼ tassi vett
- ½ tl noolejuur- või tapiokitärklist
- ½ tl värsket sidrunimahla

JUHISED:
a) Segage suures kastrulis ¾ tassi suhkrut kookospiima ja muu piimavaba piimaga, vahustades. Kuumuta segu keskmisel kuumusel sageli vispeldades keemiseni.
b) Kui see jõuab keemiseni, alandage kuumust keskmiselt madalale ja vahustage pidevalt, kuni suhkur on lahustunud, umbes 5 minutit. Tõsta tulelt ja lisa vanill, vahustades ühtlaseks.
c) Tõsta segu kuumakindlasse kaussi ja lase täielikult jahtuda.
d) Kuni jäätisepõhi jahtub, sega väikeses kastrulis kuivatatud kirsid ja vesi. Keeda keskmisel kuumusel, kuni kirsid on pehmenenud ja segu hakkab mullitama.
e) Segage väikeses kausis ülejäänud 2 supilusikatäit suhkrut ja tärklis. Puista segu kirsside hulka ja alanda kuumust podisema.
f) Jätkake küpsetamist, kuni segu pakseneb, umbes 3 minutit, seejärel vispeldage sidrunimahlaga. Tõsta kuumuskindlasse kaussi, et see täielikult jahtuda.
g) Vala jäätisepõhjasegu 1½- või 2-liitrise jäätisemasina kaussi ja töötle vastavalt tootja juhistele. Kui jäätis on valmis, kühveldage üks kolmandik sügavkülmakindlasse anumasse, seejärel lisage pool jahtunud kirsisegust.
h) Lisa veel kolmandik jäätisest ja tõsta peale ülejäänud kirsisegu.
i) Valage peale viimane kolmandik jäätist, seejärel tõmmake võinuga segust 2 või 3 korda läbi, et seda keerutada. Hoia õhukindlas anumas sügavkülmas vähemalt 2 tundi enne võileibade kokkupanemist.

VÕILEIBADE VALMISTAMISEKS

j) Lase jäätisel veidi pehmeneda, et seda oleks kerge kühveldada. Aseta pooled küpsistest, põhjaga ülespoole, puhtale pinnale. Tõsta iga küpsise peale üks suur lusikas jäätist, umbes ⅓ tassi.

k) Kata jäätisele ülejäänud küpsised, nii et küpsisepõhjad puudutaksid jäätist.

l) Vajutage küpsiseid õrnalt alla, et need tasandada.

m) Mähi iga võileib kilesse või vahapaberisse ja pane enne söömist vähemalt 30 minutiks tagasi sügavkülma.

67. Vanamoodne jäätis

KOOSTISOSAD:
- ¼ tassi apelsinimahla
- 0½ 0 untsi Triple Sec
- 2 untsi Jack Danieli
- 8 tilka aromaatset kibedat
- 1 ¼ tassi tuhksuhkrut
- 2 tassi rasket vahukoort
- 1-2 brändikirssi

JUHISED:
a) suures kausis mahl, Jack Daniel's, triple sec ja bitter.
b) ¼ tassi kaupa tuhksuhkrut, kuni see on segunenud.
c) Lisage vahukoor ja segage kuni paks, kuid mitte jäik.
d) Asetage õhukindlasse anumasse või fooliumiga kaetud vahapaberiga kaetud pannile.
e) Külmutage, üleöö või kuni paar päeva.
f) Serveeri brändiga kaetud kirssidega.

68.Kirss ja mandel Pavlova

KOOSTISOSAD:
- 4 munavalget
- 1 tass tuhksuhkrut
- 1 tl valget äädikat
- 1 tl maisitärklist
- 1 tass vahukoort
- 1 tass kivideta värskeid kirsse
- ¼ tassi viilutatud mandleid, röstitud

JUHISED:
a) Kuumuta ahi temperatuurini 300 °F (150 °C). Vooderda ahjuplaat küpsetuspaberiga.
b) Vahusta munavalged, kuni moodustuvad tugevad piigid. Lisa vähehaaval suhkur, üks supilusikatäis korraga, pärast iga lisamist korralikult pekstes.
c) Lisa äädikas ja maisitärklis ning vahusta, kuni need segunevad.
d) Tõsta segu lusikaga ettevalmistatud küpsetusplaadile, et moodustada 8-tolline (20 cm) ring.
e) Looge spaatliga pavlova keskele kaev.
f) Küpseta 1 tund või kuni pavlova on väljast krõbe ja seest pehme.
g) Lase täielikult jahtuda.
h) Määri pavlova peale vahukoor. Lisa kivideta kirsid ja puista peale röstitud viilutatud mandleid.

69. Värske kirsipuu

KOOSTISOSAD:
- 2 munakollast
- 1 terve muna
- 3½ tassi magusaid küpseid kirsse
- ½ tassi suhkrut
- ½ tassi võid, sulatatud
- 1 tass jahu
- 3 supilusikatäit tumedat rummi
- 1 tl riivitud sidrunikoort
- 1 tass piima
- tuhksuhkur ja Creme Fraiche

JUHISED:
a) Tõsta kirsid ettevaatlikult välja, jättes need terveks. Vahusta suhkur, munakollased ja munad ühtlaseks massiks.
b) Klopi sisse ⅓ tassi võid, seejärel jahu, rumm, koor ja piim. Tainas peaks olema väga ühtlane.
c) Soovi korral saab taigna kiiresti blenderis läbi segada.
d) Määri 9-tolline küpsetusnõu või pann ülejäänud võiga. Laota põhjale kirsid ja vala peale tainas.
e) Küpseta eelkuumutatud 400-kraadises ahjus 35 - 40 minutit või kuni see on kuldpruun ja kergelt paisunud ja tardunud.
f) Serveeri soojalt, puista peale tuhksuhkrut ja creme fraiche'i.

CREME FRAICHE TEGEMISEKS:
g) Lisage 3 spl kultiveeritud petipiima või 1 tass kultiveeritud hapukoort 2 tassile koorele kastrulis. Soojendage õrnalt umbes 90 kraadini ja valage puhtasse purki.
h) Kata lõdvalt ja lase seista toatemperatuuril (75–80 kraadi) 6–8 tundi või üleöö, kuni kreem on väga paks.
i) Segage õrnalt, katke kaanega ja jahutage kuni 2 nädalat.

70.Kirsirullitud jäätis

KOOSTISOSAD:
ALUSKOOSTIS
- 1 tass koort
- ½ tassi kondenspiima

TOPPING
- 1 kuni 2 tilka kirsiõie ekstrakti
- 4 untsi valget šokolaadi, tükeldatud
- ¼ tassi kirsid , nõrutatud
- Peotäis pistaatsiapähkleid (valikuline)

JUHISED:
a) Võtke puhas ja suur ahjuplaat ning lisage koor ja kondenspiim.
b) Lisage lisandid ja purustage need spaatliga.
c) Määri ühtlaselt laiali ja pane üleöö sügavkülma.
d) Järgmisel päeval rulli jäätis sama spaatliga aluse ühest otsast teise.

71. Kirsi-juustukoogi jäätis

KOOSTISOSAD:
- 3 untsi toorjuustu, pehmendatud
- 1 (14 untsi) purk magustatud kondenspiima
- 2 tassi pool-pool
- 2 tassi vahukoort
- 1 spl vaniljeekstrakti
- ½ tl mandli ekstrakti
- 10 untsi maraschino kirsse, nõrutatud ja tükeldatud

JUHISED:
a) Vahusta suures mikserikausis toorjuust kohevaks vahuks.
b) Lisa vähehaaval magustatud kondenspiim ühtlaseks massiks.
c) Lisage ülejäänud koostisosad; sega hästi.
d) Valage jäätisekülmutusnõusse ja külmutage vastavalt tootja juhistele.

72. Cherry bundti kook

KOOSTISOSAD:
- 1 pakk šokolaadikoogi segu
- 21 untsi purki kirsipiruka täidist
- ¼ tassi õli
- 3 muna
- Kirsi glasuur

JUHISED:
a) Sega läbi ja vala võiga määritud Bundt-pannile.
b) Küpseta 350° juures 45 minutit.
c) Lase pannil 30 minutit jahtuda ja seejärel eemalda.

73. Cherry gateau

KOOSTISOSAD:
- 3 suurt muna
- 4½ untsi tuhksuhkrut (granuleeritud)
- 3 untsi tavalist jahu
- ½ untsi kakaopulbrit
- 15 untsi musti kirsse
- 2 tl Noolejuurt
- 1-pint topeltkreem (kuni)
- 3 supilusikatäit kirschi või brändit
- 3 Cadbury helbed

JUHISED:

a) Klopi munad ja suhkur kokku väga kahvatuks ja väga paksuks ning kloppija jätab tõstmisel jälje. Sõelu jahu ja kakao kaks korda kokku ning sega munasegu hulka. Vala võiga määritud ja vooderdatud 23cm/9" ümmargusse sügavasse koogivormi.

b) Küpsetage temperatuuril 375 F umbes 30 minutit või kuni see on puudutamisel kõva. Jahuta restil.

c) Kui kook on külm, lõika see kolmeks kihiks. Nõruta kirsid, säilitades siirupipurgi. Sega ½ pinti siirupit (vajadusel lisades vett) kastrulis noolejuurega ja kuumuta segades keemiseni. Hauta, kuni see on paksenenud ja selge.

d) Poolita kirsid, eemalda kivid (süvendid) ja lisa pannile, jättes mõned kaunistuseks alles. Lahe. Vahusta koor paksuks.

e) Tõsta alumine koogikiht serveerimistaldrikule ning määri peale pool kirsi segu ja teine kiht kreemi. Kata teise koogikihiga. Piserdage kirssi või brändiga, seejärel määrige ülejäänud kirsisegu ja teine kiht kreemi. Tõsta koogi pealmine kiht ettevaatlikult kreemi peale.

f) Jättes kaunistuseks veidi kreemi, määrige ülejäänud osa koogi peale ja külgedele. Tehke peal dekoratiivne muster. Rebi või riivi šokolaad ja suru suurem osa sellest koogi külgedele.

g) Tõsta reserveeritud kreem keeristes koogi peale ning kaunista ülejäänud šokolaadi ja reserveeritud kirssidega. Enne serveerimist jäta kook 2-3 tunniks seisma.

74. Kirsi suflee

KOOSTISOSAD:
- 16 untsi hapud kivideta kirsid, nõrutatud
- 5 supilusikatäit brändit
- 4 ruutu küpsetusšokolaad
- 2 ümbrikku maitsestamata želatiini
- 3 muna, eraldatud
- 14 untsi magustatud kondenspiima
- 1½ tl vanilli
- 1 tass aurutatud piima

JUHISED:
a) Haki kirsid ja marineeri need brändis (või kirsivedelikus). Leota želatiini ½ tassi kirsimahlas.
b) Klopi munakollased kergelt lahti; sega juurde magustatud piim ja želatiin. Kuumuta madalal kuumusel, kuni želatiin lahustub; lisa šokolaad ja kuumuta kuni sulab & segu veidi pakseneb. Sega kirsid & vanilje; jahuta, kuni segu lusikalt kukkudes kergelt kuhjub.
c) Vahusta aurustunud piim ja munavalged, kuni segu hoiab kõvad piigid.
d) Sega želatiinisegu sisse. Valage 1-liitrisesse 3-tollise kaelusega sufleevormi. Jahutage, kuni see on tahenenud, mitu tundi või üleöö. Eemaldage krae; kaunistage kirsside, šokolaadikruupide või vahustatud kattekihiga.

75. Kirsi tiramisu

KOOSTISOSAD:
KIRSI TÄIDISEKS
- ½ tassi kirsimahla või siirupit
- 1 tass purgis kivideta kirsse
- 1 spl maisijahu
- 2 spl suhkrut

KOHVISEGU JAOKS
- 2 spl lahustuvat kohvi
- 1 tass kuuma vett

MASCARPONE KREEMI JAOKS
- 200 ml rasket koort
- 250 g mascarponet
- 6-8 spl tuhksuhkrut
- 1 tl vaniljeekstrakti

KOOSTAMISEKS
- 15 Ladyfinger küpsist ca. 100g
- šokolaadikaste
- tumeda šokolaadi laastud
- kakaopulber tolmutamiseks
- garneeringuks värsked või purki pandud kirsid

JUHISED:
a) Valmista kirsitäidis, segades 2 spl kirsimahla/siirupit kirssidega koos suhkru ja maisijahuga.

b) Kuumuta järelejäänud kirsimahl keemiseni ja seejärel lisa sellele oma kirsid. Sega madalal kuumusel, kuni vedelik on paksenenud ja kirsid on kergelt pudrused. Hoidke kõrvale jahtuma.

c) Valmistage kohv, segades lahustuv kohv kuuma veega ja hoidke seda jahtuma. Lahustuva kohvi asemel võid kasutada ka espressokaunasid. Teil on vaja umbes tassi kohvi.

d) Vahusta koor külmas kausis keskmiseks vahuks. Seejärel lisage mascarpone, tuhksuhkur ja vaniljeekstrakt. Vahusta, kuni kõik on kreemjas ja ühtlane.

e) Kui kõik on jahtunud, alustage kokkupanemist. Kasutan kolme keskmise-suure suurusega assortii klaasi. Võite kasutada ükskõik millist, mida eelistate.

f) Alustage daami sõrmede kohvi sisse uputamisest. Sa ei tohi uputada kauem kui sekundi. Nad muutuvad väga kiiresti pehmeks ja pehmeks. Lisaks jäävad need pehmemaks, kui peal on mascarpone. Murdke daami sõrmed , kui need on teie serveerimisklaaside jaoks suured. Tee põhjale alus nii paljude ladyfingeridega kui vaja.

g) Seejärel lusikaga peale mascarponekreemi. Nirista peale šokolaadikastet, nii palju kui soovid. Seejärel lisa kiht kirsse. Korrake sama toimingut teise kohvi sisse kastetud daami sõrmedega, millele järgneb mascarpone kreem.

h) Puista üle kakaopulbriga ja puista peale šokolaadilaaste. Lisa peale värske kirss. l

i) Enne serveerimist hoia 2-3 tundi külmkapis. Naudi külmalt!

76.Chia puding kirsipuuviljadest

KOOSTISOSAD:
- 2 spl chia seemneid
- ½ tassi magustamata mandlipiima
- 1 tl vahtrasiirup
- ½ tl vaniljeekstrakti
- ⅓ tassi külmutatud metsapuu marju, sulatatud
- 1 spl vegan naturaalset kookosjogurtit
- 1 spl granola

JUHISED:
a) Chia puding: vahustage väikeses kausis chia seemned, mandlipiim, vahtrasiirup ja vaniljeekstrakt. Laske sellel 10 minutit seista ja laske sellel veidi pakseneda. 10 minuti pärast vahustage uuesti, et eemaldada tekkinud tükid, ja jaotage seemned ühtlaselt kogu piimas.
b) Valage chia puding õhukindlasse anumasse ja asetage see külmikusse vähemalt tunniks, eelistatavalt üleöö.
c) Kirsijogurt: Vahepeal valmistage kirsijogurt. Püreesta marjad kahvliga, kuni jääd tekstuuriga rahule. Teise võimalusena võite kasutada väikest segisti. Seejärel segage jogurt püreestatud puuviljade hulka, kuni see kõik on segunenud. Katke ja hoidke külmkapis, kuni teie chia puding on paksenenud.
d) Lisandid: Kui olete serveerimiseks valmis, valage Chia pudingu peale lusikaga Cherry jogurtit ja puistake peale veidi krõmpsuvat granolat. Mulle meeldib ka värskete kirssidega katta.

77. Cherry Cannoli

KOOSTISOSAD:
KANNOLI JAOKS
- 2 suurt munavalget
- ⅓ tassi suhkrut
- 1 spl rapsiõli
- 1 spl võid, sulatatud
- 2 tl puhast vaniljeekstrakti
- 1 spl kakaopulbrit
- ⅓ tassi universaalset jahu

RÖstitud KIRSIDE JAOKS
- 2 tassi värskeid, kivideta kirsse
- ⅓ tassi suhkrut
- 2 tl maisitärklist

VAHUTUKREEELE
- 1 tass jahutatud tugevat vahukoort
- 1 spl kirsch
- 1 tass tuhksuhkrut

JUHISED:
a) Kuumuta ahi 375-ni.
b) Määri kaks ahjuplaati kergelt küpsetuspritsiga; kõrvale panema.
c) Vahusta keskmise suurusega kausis munavalged, suhkur, rapsiõli, sulatatud või ja vanill. Vahusta, kuni see on põhjalikult segunenud.
d) Lisage kakaopulber ja jahu; jätka vahustamist, kuni see on ühtlane ja tükke ei teki.
e) Tõsta igale küpsetusplaadile 4 tükki tainast, kasutades kummagi jaoks 3 teelusikatäit tainast, hoides küpsised üksteisest 3 tolli kaugusel.
f) Jaotage lusika tagaküljega iga küpsis umbes 4-tollise läbimõõduga.
g) Küpseta 6–7 minutit või kuni servad hakkavad pruunistuma.
h) Tõsta nihkelabida abil küpsetusplaadilt küpsised lahti ja vormi need torukujuliseks. Võite kasutada ümmargust metallist nõu ja keerata küpsised selle ümber.
i) Aseta küpsised õmblusega pool allapoole ja lase jahtuda.
j) Vahepeal valmista kirsid.
k) Kuumuta ahi 400-ni.
l) Kombineerige kirsid, suhkur ja maisitärklis segamisnõus ning segage.
m) Tõsta ahjupannile/vormi.
n) Röstige 40–45 minutit või kuni mahl on mullitav, segades iga 15 minuti järel.

o) Lase täielikult jahtuda ja pane kasutusvalmis külmikusse.
p) Valmista vahukoor.
q) Segage mikseri kausis jahutatud vahukoor, Kirsch ja tuhksuhkur.
r) Vahusta segu, kuni moodustuvad jäigad tipud; jahuta kuni kasutusvalmis.
s) Koguge küpsised
t) Jaotage röstitud kirsid ühtlaselt ja topige need igasse cannoli kestasse.
u) Tõsta lusikaga valmistatud vahukoor tähtotsaga kondiitrikotti ja toru täidis kannolikarpidesse.
v) Serveeri.

78. Kirsi tart

KOOSTISOSAD:
- ½ tassi võid
- 21 untsi konserveeritud kirsipiruka täidist
- 1¼ tassi šokolaadivahvlipuru
- 3 muna
- ⅔ tassi jahu
- 1 spl rasket vahukoort
- ¼ teelusikatäit soola
- 2 untsi poolmagusat šokolaadi
- ⅔ tassi suhkrut
- 1 tl vaniljeekstrakti

JUHISED:
a) Sega väikeses kausis vahvlipuru ja suhkur; sega sisse või. Vajutage kergelt määritud 11-tollise plaadi põhja ja külgedele. korviline eemaldatava põhjaga hapupann.
b) Asetage pann küpsetusplaadile.
c) Küpseta 350° juures 8-10 minutit või kuni on kergelt pruunikas. Jahuta restil.
d) Mikrolaineahjus sulatage või ja šokolaad; sega ühtlaseks. Jahuta 10 minutit. Vahusta suures kausis munad, suhkur, vanill ja sool paksemaks, umbes 4 minutit. Blenderda šokolaadisegu hulka. Sega juurde jahu ja sega korralikult läbi.
e) Valage koorikusse; ühtlaselt laiali.
f) Küpseta 350° juures 25-30 minutit või kuni keskele torgatud hambaork tuleb puhtana välja. Jahuta restil täielikult maha.
g) Määri peale pirukatäidis.
h) Mikrolaineahjus sulatage šokolaad ja koor; sega ühtlaseks. Jahuta 5 minutit, aeg-ajalt segades.
i) Nirista tort peale. Jahutage, kuni see on hangunud.

79. Kirsipähkel pruunistega

KOOSTISOSAD:
JÄÄTISE JUURDE
- 568 ml potti ühekordne kreem
- 140 g tuhksuhkrut
- 4 munakollast
- ½ tl vaniljeekstrakti
- 200g tumedat šokolaadi (70% kakaod), lisaks kaunistuseks

KIRSIKASTEKS
- 1/2 400g purki kirsse
- 2 supilusikatäit kirši või brändit

SERVEERIMA
- 148 ml topeltkoort
- 2 tl tuhksuhkrut
- 2 brownie ruutu

PRUUNIDELE
- 200 g võid
- 175 g tumepruuni suhkrut
- 140 g granuleeritud suhkrut
- 4 muna
- 50 g jahvatatud mandlit
- 50 g tavalist jahu
- 200 g tumedat šokolaadi

JUHISED:
a) Jäätise jaoks vala koor pannile ja lase keema. Vahusta suhkur, munakollased ja vanill. Vala peale 2 spl koort ja klopi munasegu hulka.
b) Vala munasegu pannile koos koorega, alanda kuumust, seejärel küpseta mõni minut pidevalt puulusikaga segades, kuni vanillikaste katab lusika tagakülje.
c) Sulata šokolaad kõrgel mikrolaineahjus 1 minut ja sega seejärel vanillikaste kaussi. Kui keedukreem on jahtunud, klopi jäätisemasinasse vastavalt tootja juhistele.
d) Kastme valmistamiseks kurna kirsid, jättes vedelikku, seejärel tõsta kõrvale. Valage vedelik pannile koos kirssi või brändiga ja keetke 5 minutit või kuni siirupisena. Tõsta kirsid tagasi pannile läbi kuumutama.
e) Pähklite kokkupanemiseks vahusta koor tuhksuhkruga, kuni moodustuvad pehmed tipud. Lõika küpsetised suupärasteks tükkideks, seejärel aseta peotäis 4 klaasi põhja. Vala peale jäätis, seejärel nirista

peale kirsid ja kaste. Nirista vahukoorega ja puista peale riivitud šokolaadi.

f) PRUUNID: Kuumuta ahi 180C/ventilaator 160C/gaas 4, siis määri ja vooderda 20cm kandiline brownievorm. Kuumuta pannil või ja tume šokolaad sulamiseni. Sega läbi tumepruun suhkur ja granuleeritud suhkur. Lase 5 minutit jahtuda, seejärel sega läbi munade.

g) Sega juurde mandlid ja jahu. Vala vormi, seejärel küpseta 30-35 minutit, kuni see on lihtsalt läbi küpsenud.

80.Cherry Bircher

KOOSTISOSAD:
- 2 väikest pirni, riivitud
- 10 supilusikatäit (60 g) valtsitud kaera
- 1 spl kakao- või kakaopulbrit
- 200 g Kreeka jogurtit, pluss 4 supilusikatäit
- 5 spl piima
- 1 supilusikatäis vahtrasiirupit või mett, lisaks veel serveerimiseks (valikuline)
- 200 g poolitatud ja kivideta kirsse
- 2 ruutu tumedat šokolaadi

JUHISED:
a) Sega kausis pirnid, kaer, kakao, jogurt, piim ja vahtrasiirup. Jagage nelja kausi (või anuma vahel, kui võtate selle tööle kaasa).
b) Lisage igale portsjonile mõned kirsid, 1 supilusikatäis jogurtit ja soovi korral veidi vahtrasiirupit. Riivi Bircheri peale šokolaad peeneks, hõõrudes igale portsjonile kergelt tolmu.
c) Sööge kohe või jahutage külmkapis kuni 2 päeva.

81. Kirsi Zuccotto

KOOSTISOSAD:
- 1 tass vahukoort
- 1-2 supilusikatäit suhkrut
- 14 untsi purki kirsipiruka täidist
- 3 supilusikatäit riivitud tumedat šokolaadi
- 1-tolline üheksa küpsetatud šokolaadikook

JUHISED:
a) Lõika kook pooleks ja suruge 8-tollisse kaussi, mille olete pritsinud toiduvalmistamispihustiga ja seejärel vooderdanud servadest üle ulatuva kilega.
b) Kui kile on sees, suruge kook sisse ja kausi külgedest üles nii palju kui võimalik, et moodustada ülemine kuppel.
c) Pane purki kirsid.
d) Võtke tass koort ja vahustage, kuni see on vahukoor. Lisa oma maitse järgi suhkrut, mina eelistan vähem magusat vahukoort, kuna pirukatäidis on väga magus.
e) Aseta vahukoor koogi sisse, kirsside peale.
f) Puista tumeda šokolaadi laastud vahukoorele.
g) Asetage koogi põhi ja lõigake üleliigne ära, kuni see sobib. Vajutage see tugevalt alla, kuid mitte nii tugevalt, et kõik üks osa välja tuleks! Seejärel, kui teil on allesjäänud kile, eemaldage see lihtsalt kausi külgedelt ja katke kinni
h) Hoia üleöö külmkapis. Pöörake see taldrikule ja see peaks koos kilega ilusti välja tulema.
i) Eemaldage kile ja nautige!

82. Cherry Boule-de-Neige

KOOSTISOSAD:
KOOK
- Mittekleepuv taimeõli pihusti
- ⅓ tassi kirsikonserve
- 2 supilusikatäit kirsch
- 1 ½ tassi kuivatatud hapukirsse
- 1 nael kibemagusat šokolaadi, tükeldatud
- 1 tass (2 pulka) soolamata võid
- 1 ¼ tassi suhkrut
- 1 tl vaniljeekstrakti
- 6 suurt muna
- ⅓ tassi universaalset jahu

KIRSCH VAHUKOOR
- 2 tassi jahutatud vahukoort
- ¼ tassi tuhksuhkrut
- 4 tl kirschi (selge kirsibränd)
- ¼ teelusikatäit mandli ekstrakti
- 16 suhkrustatud kannikese kroonlehte

JUHISED:
TOOGILE:
a) Asetage rest ahju alumisse kolmandikku ja soojendage temperatuurini 350 °F. Vooderdage 10-tassine metallkauss fooliumiga, ulatudes 3 tolli külgedele. Pihustage foolium mittenakkuva pihustiga. Sega hoidiseid kirschiga keskmisel kuumusel, kuni konservid sulavad.
b) Lisa kuivatatud kirsid; lase keema tõusta. kate; eemalda kuumusest. Lase jahtuda.
c) Sulata šokolaad koos võiga tugevas suures kastrulis keskmisel-madalal kuumusel, sega ühtlaseks. Eemaldage kuumusest.
d) Vahusta suhkur ja vanill, seejärel vahusta ükshaaval munad. Sega hulka jahu, seejärel kirsisegu. Viige tainas ettevalmistatud kaussi.
e) Küpseta kooki kausis 30 minutit. Keerake foolium üle koogi äärte, et vältida ülepruunimist.
f) Jätkake kooki küpsetamist, kuni ülaosa on pragunenud ja kuiv ning keskele sisestatud tester väljub niiske taignaga, mis kestab umbes 55 minutit. Jahuta kook restil olevas kausis täielikult maha (kook võib keskelt maha kukkuda).
g) Suru koogi serv tugevalt kinni, et koogi keskosaga ühtlus oleks. Kata ja lase üleöö toatemperatuuril seista.

KIRSCHI VAHUKOORE JAOKS:

h) Vahusta suures kausis elektrimikseri abil koor, tuhksuhkur, kirš ja mandliekstrakt, kuni koor hoiab piike.
i) Kummuta kook vaagnale. Eemalda foolium. Tõsta vahukoor lusikaga suurde kondiitrikotti, mis on varustatud keskmise täheotsaga. Toru vahukooretähed koogile, kattes selle täielikult. Toruge täiendavad tärnid üle koogi lameda keskosa, et moodustada kuppel.
j) Kaunista suhkrustatud kannikestega.

JOOGID

83.Kirsi-vanilje Bourbon

KOOSTISOSAD:
- 1 tass kivideta värskeid või külmutatud kirsse
- 1 vaniljekaun, tükeldatud
- 2 tassi burbooni
- ½ tassi mett või vahtrasiirupit

JUHISED:
a) Sega klaaspurgis kirsid, vaniljekaun, burboon ja mesi.
b) Sulgege ja laske infundeerida jahedas ja pimedas kohas 1–2 nädalat, aeg-ajalt loksutades.
c) Kurna ja säilita puhtas pudelis.

84. Kirsi limonaad

KOOSTISOSAD:
- 1 nael värskeid hapukirsse (paar paar kaunistamiseks kõrvale)
- 2 tassi suhkrut
- 8 tassi vett
- 6 kuni 8 sidrunit, lisaks veel kaunistuseks

JUHISED:
a) Sega keskmises kastrulis hapukirsid, suhkur ja 3 tassi vett.
b) Hauta 15 minutit, seejärel lase jahtuda toatemperatuurini.
c) Kurna segu läbi peene võrguga sõela.
d) Tehke sidrunitest piisavalt mahla, et saada 1,5 tassi sidrunimahla.
e) Kombineerige kirsimahl, sidrunimahl ja umbes 5-6 tassi jahutatud vett (kohandage oma maitse järgi).
f) Sega korralikult läbi ja soovi korral lisa õhukesed sidruniviilud ja värsked kirsid, et maitset saada.

85. Cherry Tutti-frutti

KOOSTISOSAD:
- 4 naela maasikaid
- 2 naela vaarikaid
- 1 kilo mustikaid
- 2 naela virsikuid
- Kaks 16-untsi purki hapupirukakirsse
- 12 untsi külmutatud punase viinamarjamahla purki
- 12 untsi ananassi, banaani, kannatusviljajooki
- 6 naela suhkrut
- 2 naela heledat mett
- piisavalt vett viie galloni valmistamiseks
- 10 tl happesegu
- 1½ tl tanniini
- 2½ teelusikatäit pektiinensüümi
- 6 tl pärmi toitainet
- 5 Campdeni tabletti, purustatud (valikuline)
- 1 pakk šampanjapärmi

JUHISED:

a) Valmistage kõik puuviljad ette ja pange need ühte suurde või kahte väiksemasse nailonist kurnkotti. Sulatage mahlad. Asetage need desinfitseeritud primaarse fermenteri põhja.

b) Keeda umbes 1–2 gallonit vett koos suhkru ja meega, olenevalt sellest, kui suur veekeetja teil on. Vajadusel koorige.

c) Vala kuum suhkruvesi puuviljadele ja mahladele. Lisage ülejäänud vesi, mis on vajalik viie galloni moodustamiseks ja veidi üle.

d) Lisage pärmi toitaine, hape ja tanniin, sealhulgas Campdeni tabletid, kui otsustate neid kasutada.

e) Katke ja kinnitage õhulukuga. Kui kasutate Campdeni tablette, oodake enne pektiinensüümi lisamist vähemalt 12 tundi. Veel 12-24 tunni pärast kontrollige PA-d ja lisage pärm.

f) Segage iga päev. Nädala või paari pärast tõstke puuviljakotid välja ja laske neil pigistamata nõrguda. Viska viljad ära. Vaadake veini mahtu ja PA-d. Kui teil on vaja rohkem vett lisada, tehke seda. Kui teil on natuke liiga palju, ärge muretsege. Elu on liiga lühike nagu ta on.

g) Kui PA langeb 2–3 protsendini, valage vein klaasist anumasse ja paigaldage see õhulukuga.

h) Koguge seda järgmise kuue kuu jooksul veel kaks korda. Oodake, kuni vein selgineb ja käärib.

i) Villige see suurtesse ja tavalistesse pudelitesse. Enne proovimist oodake kuus kuud.

86. Ananassi kirsipunch

KOOSTISOSAD:
- 3-untsi pakk kirsiželatiini segu
- 1 tass kuuma vett
- 46-untsine ananassimahla purk, jahutatud
- 4 tassi õunamahla, jahutatud
- ¾ tassi sidrunimahla
- 1 1tr. ingveriõlu, jahutatud
- Lisandid: maraschino kirsid, sidruniviilud

JUHISED:
a) Sega väikeses kausis želatiinisegu ja kuum vesi, kuni želatiin lahustub.
b) Valage suurde kannu, segage mahlaga; chill.
c) Kui olete serveerimiseks valmis, lisage kannule ingveriõlu, segades õrnalt segu.

87.Bourboni ja kirsi kokteil

KOOSTISOSAD:
- 4 supilusikatäit burbooni
- 1 spl + 1 tl kirsibrändit
- 1 supilusikatäis pruuni kakaokreemi
- 1 tl Kahlua

GARNISEERIMISEKS
- kooreujuk (topelt/raske)
- maraschino kirsid
- riivitud šokolaad/kakaopulber

JUHISED:
a) Pange igasse kokteiliklaasi üks kirss
b) Pange peotäis jääd kokteilišeikerisse või kannu ja lisage kogu alkohol
c) Sega 20 sekundit, seejärel kurna klaasidesse
d) Hõljutage kokteili peale veidi topeltkoort (vt märkusi)
e) Puista peale riivitud šokolaad või veidi sõelutud kakaopulbrit

88. Kirsikurgi värskendaja

KOOSTISOSAD:
- 1 kurk, kooritud ja tükeldatud
- 1 peotäis kirsse
- 1 supilusikatäis värsket koriandrit
- 3 tassi vett

JUHISED:
a) Pange oma koostisosad kannu.
b) Pane mõneks tunniks külmkappi tahenema.
c) Serveeri korralikult jahutatult.

89. Cherry Limeade

KOOSTISOSAD:
- 1 tass värskeid, kivideta kirsse
- 2 laimi, õhukeselt viilutatud
- Agaavisiirup, maitse järgi

JUHISED:
a) Pange koostisosad oma müüripurki.
b) Serveeri jahutatult.

90.Kirsi-mündi vesi

KOOSTISOSAD:
- 8 värsket kirsi, kivideta ja poolitatud
- Vesi
- ¼ tassi piparmündi lehti

JUHISED:
a) Püreesta kirsid ja pane masonipurki.
b) Täida purk veega; raputage seda põhjalikult.
c) Serveeri jahtunult ja naudi!

91.Kirsi ja peterselli kokteili

KOOSTISOSAD:
- 7 untsi suitsusuhkrut
- 7 untsi värskeid, kivideta kirsse
- 4 oksa värsket peterselli
- 2 supilusikatäit mett
- 1 sidruni mahl
- klubi sooda

JUHISED:
a) Segage suitsusuhkur 8 untsi veega kastrulis ja keetke madalal kuumusel segades, kuni suhkur lahustub.
b) Tõsta tulelt ning lisa kirsid ja petersell.
c) Valage siirup steriliseeritud klaaspurki ja laske 3 tundi tõmmata.
d) Vala maitsestatud siirup 4 klaasi ning lisa mesi ja sidrunimahl.
e) Peale jahutatud klubisoodat.

92.Jääkirsi mokka

KOOSTISOSAD:
- 4 spl espressot
- Jää
- 1 supilusikatäis šokolaadisiirupit
- 1 spl kirsi siirupit
- ½ supilusikatäit kookossiirupit
- 16 supilusikatäit külma piima
- Vahukoor; katmiseks
- Raseeritud šokolaad; katmiseks
- 1 kirss; garneeringuks

JUHISED:
a) Valage espresso jääga täidetud 12 untsi klaasi.
b) Lisa siirupid ja piim ning sega läbi.
c) Tõsta peale ohtralt vahukoort ja riivitud šokolaadi ning kaunista kirsiga.

93. Bing C herriliköör

KOOSTISOSAD:
- 2 viilu sidrunit
- 1 Viies VO
- Bing kirsid
- 2 supilusikatäit Suhkur

JUHISED:
a) Täida iga purk poolenisti kirssidega.
b) Lisage igaühele üks sidruniviil ja üks supilusikatäis suhkrut.
c) Seejärel täitke lõpuni VO-ga, sulgege kaas tihedalt, loksutage ja asetage 6 kuuks jahedasse kohta.

94.Kirsi-vanilje Bourbon

KOOSTISOSAD:
- 2 vaniljekaunat , tükeldatud
- 8 untsi kuivatatud või värskeid kirsse
- 32 untsi viskit

JUHISED:
a) Sega kõik läbi ja lase vähemalt 2 päeva jahedas ja pimedas kohas leotada.

95. Kirsibrändi

KOOSTISOSAD:
- ½ naela Bing kirsid. tüvest
- ½ naela Granuleeritud suhkur
- 2 tassi brändit

JUHISED:
a) Pange kirsid 1-liitrisesse purki.
b) Vala kirssidele suhkur.
c) Vala brändiga suhkur ja kirsid.
d) Järsk 3 kuud. ÄRGE LOKSUTA.
e) Kurna pudelisse.

96.Kirsiga infundeeritud konjak

KOOSTISOSAD:
- 33 untsi konjakit
- 0,15 untsi vanillikaunad
- 23 untsi Magus kirss, kivideta
- 7 untsi tuhksuhkrut

JUHISED:
a) Täida kaheveerandne purk kivideta maguskirssidega.
b) Lisa tuhksuhkur, vaniljekaun ja konjak.
c) Sulgege purk ja hautage 2 nädalat

97.Cherry Kombucha

KOOSTISOSAD:
- 14 tassi musta teed kombucha, jagatud
- 32 untsi magusaid kirsse, kivideta

JUHISED:
a) Püreesta köögikombainis või blenderis kirsid koos umbes 1 tassi kombuchaga, kuni need on veeldatud.
b) Lisage püree ja ülejäänud kombucha 1-gallonisse klaaspurki ja sulgege see puhta valge riidega, mis on kinnitatud kummipaelaga.
c) Jätke purk vähemalt 12 tunniks ja mitte kauemaks kui 24 tunniks soojas kohas, umbes 72 °F juures. Mida kauem see tõmbub, seda tugevamaks muutub kirsimaitse.
d) Valage kombucha läbi traatsõela suurele purgile või potile, et eemaldada kõik tahked ained.
e) Valage kombucha lehtri abil pudelitesse ja sulgege need tihedalt. Asetage pudelid sooja kohta, umbes 72 °F, käärima 48 tundi.
f) Hoidke 1 pudelit külmkapis 6 tundi, kuni see on põhjalikult jahtunud. Ava pudel ja maitse kombuchat. Kui see on teie jaoks mullitav, jahutage kõik pudelid ja serveerige jahutatuna.
g) Kui soovitud kihisemine ja magusus on saavutatud, jahutage kõik pudelid käärimise peatamiseks.

98. Cherry Martini

KOOSTISOSAD:
- 2 untsi vaniljeviina
- ½ untsi šokolaadilikööri
- ½ untsi Creme De Cacao
- 2 tl kirsimahla
- Kaunistuseks: vahukoor/šokolaadilaastud/kirss

JUHISED:
a) Segage jääga täidetud klaasis vaniljeviin, šokolaadiliköör, creme de cacao ja kirsimahl.
b) Raputa korralikult.
c) Kurna segu kupeeklaasi ja tõsta peale vahukoor, šokolaadilaastud ja kirss.

99.Cherry Boba piimakokteil

KOOSTISOSAD:
- 110 ml šokolaadist piimajooki
- 3 lusikatäit piimapulbrit
- 2 lusikatäit kirsipulbrit
- Paar lusikatäit purustatud jääd
- Ja ka paar kulbitäit bobapärleid

JUHISED:
a) Raputage kõike kaanega tassi.
b) Lõpuks jää ja bobapärlid.

100.Kirsi vanilje smuuti

KOOSTISOSAD:
- 1 tass külmutatud kivideta kirsse
- ¼ tassi tooreid makadaamiapähkleid
- ½ banaani, tükkideks lõigatud
- ¼ tassi kuivatatud goji marju
- 1 tl puhast vaniljeekstrakti
- 1 tass vett
- 6 kuni 8 jääkuubikut

JUHISED:
a) Pane kõik koostisosad peale jäätise blenderisse ja töötle ühtlaseks ja kreemjaks.
b) Lisa jää ja töötle uuesti. Joo jääkülmalt.

KOKKUVÕTE

Kui lõpetame oma reisi läbi kirsside maailma, loodan, et see kokaraamat on inspireerinud teid uurima selle armastatud puuvilja magusaid ja hapukaid maitseid oma köögis. "ÜLIMAALNE KIRSI KOKARAAMAT" on koostatud kirega tähistada kirsside maitsvat mitmekülgsust, pakkudes laia valikut retsepte, mis sobivad igale maitsele ja olukorrale.

Aitäh, et liitusite minuga sellel kulinaarsel seiklusel. Olgu teie köök täidetud ahjus küpsevate kirsipirukate vastupandamatu aroomiga, pliidil podisevate kirsimooside magusa maitsega ja teie lauda kaunistavate kirsisalatite erksate värvidega. Ükskõik, kas naudite kirsse magusa suupistena või lisate neid soolastesse roogadesse, võib iga suupiste tähistada selle armastatud puuvilja maitsvat maitset.

Kuni taaskohtumiseni, head toiduvalmistamist ja teie kulinaarne looming jätkuvalt rõõmustab ja inspireerib. Tervist kirsside imelisele maailmale ja rõõmule, mida nad meie laudadele toovad!

www.ingramcontent.com/pod-product-compliance
Lightning Source LLC
Chambersburg PA
CBHW070353120526
44590CB00014B/1118